VERÖFFENTLICHUNGEN DES
HWWA-INSTITUT FÜR WIRTSCHAFTSFORSCHUNG-HAMBURG

Wechselkursrisiken, internationaler Handel und Direktinvestitionen

Annette Kersch

1987

VERLAG WELTARCHIV GMBH · HAMBURG

CIP-Kurztitelaufnahme der Deutschen Bibliothek

Kersch, Annettte:
Wechselkursrisiken, internationaler Handel
und Direktinvestitionen/Annette Kersch. –

Hamburg: Verlag Weltarchiv, 1987
(Veröffentlichungen des HWWA-Institut
für Wirtschaftsforschung, Hamburg)
ISBN 3-87895-335-6

n 2

ISBN 3-87895-335-6

V O R W O R T

Das HWWA-Institut für Wirtschaftsforschung-Hamburg veröffentlicht neben seinen eigenen Studien, Aufsätzen und Gutachten auch theoretische und empirische Arbeiten von Wissenschaftlern außerhalb des Hauses, die als interessante Beiträge zur theoretischen und empirischen Forschung und zur wirtschaftspolitischen Diskussion angesehen werden können und eine Ergänzung der eigenen Arbeiten darstellen.

Die vorliegende Arbeit entstand im Volkswirtschaftlichen Institut der Friedrich-Alexander-Universität Erlangen-Nürnberg und wurde von Prof.Dr.Manfred Neumann betreut. Sie geht von der Tatsache aus, daß seit Einführung der floatenden Wechselkurse zwar starke Währungsschwankungen zu beobachten waren, diese aber entgegen modelltheoretischen Aussagen sich anscheinend nur geringfügig auf das Volumen des internationalen Handels auswirkten. Diesen Widerspruch versucht die Arbeit von Annette Kersch aufzulösen, indem sie eine Entwicklung analysiert, die Umfang und Struktur des Außenhandels in starkem Ausmaß beeinflußt hat und auch in Zukunft prägen wird: die Expansion multinationaler Unternehmen. Die Autorin gelangt zu dem Ergebnis, daß multinationale Unternehmen mit Produktionsstätten in verschiedenen Ländern nicht etwa besonders von Wechselkursrisiken betroffen sind, sondern daß - im Gegenteil - die Multinationalisierung gerade ein Mittel darstellt, solche Risiken auszugleichen. Es dürfte dann nicht mehr überraschen, wenn sich angesichts der großen Bedeutung multinationaler Unternehmen im internationalen Handel ein systematischer negativer Einfluß von Wechselkursunsicherheit auf den Außenhandel kaum nachweisen läßt.

Hans-Eckart Scharrer

I N H A L T

	Seite
Tabellenverzeichnis	11
Einleitung	13
A. Wechselkursrisiko und internationaler Handel	19
1. Das Wechselkursrisiko einer Firma	19
1.1 Klassifikation von Wechselkursrisiken	19
1.2 Optimale Hedging-Politik einer international operierenden Firma	23
1.3 Ableitung des "ökonomischen" Wechselkursrisikos aus Abweichungen von den Bedingungen vollkommener Märkte	27
1.3.1 Definition des "exposure" einer Firma	29
1.3.2 Bedeutung der Einflußfaktoren	35
1.3.2.1 Relative Preisänderungen	35
1.3.2.2 Prognostizierbarkeit von Wechselkursänderungen	40
2. Einfluß von Wechselkursschwankungen auf den internationalen Handel	44
2.1 Ungewißheit und internationaler Handel	44
2.1.1 Firmenverhalten bei ausschließlicher Ungewißheit über den Wechselkurs	45
2.1.2 Firmenverhalten bei Ungewißheit über die Wettbewerbsposition	47
2.2 Die Wirkung von Wechselkursvariabilität auf Volumen und Struktur des internationalen Handels - Empirische Ergebnisse	51
2.2.1 Beziehung zwischen Wechselkursvariabilität und Handel auf aggregierter Ebene	51
2.2.2 Zeitreihenuntersuchungen der Handelsströme einzelner Länder	53
2.2.3 Ergebnisse aus Unternehmensbefragungen	55
2.3 Die Bedeutung multinationaler Unternehmen im internationalen Handel	58

Seite

B. Wechselkurse und internationale Direktinvestitionen 73

3. Der Einfluß realer Wechselkursänderungen auf die Richtung von Direktinvestitionen 73

3.1 Kapitalströme und ungleichgewichtige Währungsparitäten 73

3.2 Direktinvestitionen in Abhängigkeit von der relativen Rentabilität ausländischer Produktionsstandorte 78

4. Ansatzpunkte für den Zusammenhang zwischen Wechselkursvariabilität und Direktinvestitionen 87

4.1 Vorbemerkungen 87

4.2 Abgrenzung von Direktinvestitionen gegenüber Portfolioinvestitionen 89

4.3 Neuere Entwicklungslinien der Theorie internationaler Direktinvestitionen 94

5. Risiko, Direktinvestitionen und internationale Diversifizierung 103

5.1 Das Capital Asset Pricing Modell für eine geschlossene Wirtschaft 103

5.2 Die Anwendung des CAPM auf internationale Kapitalmärkte 108

5.3 Schlußfolgerungen und empirische Anhaltspunkte für eine Risikodiversifizierung auf Firmenniveau 118

5.3.1 Ein kritischer Überblick über bisherige empirische Studien 118

5.3.2 Zusammenhang zwischen Internationalisierungsgrad einer Firma und ihrer ausländischen Umsatzrendite 130

5.4 Ansätze zur Einbeziehung von Wechselkursrisiken in das Optimierungskalkül multinationaler Firmen 134

5.4.1 Vorbemerkungen 134

5.4.2 Ein Portfoliomodell für internationale Direktinvestitionen 135

5.4.2.1 Das Modell 135

5.4.2.2 Finanzierungsverhalten multinationaler Unternehmen 143

5.4.3 Produktions- und Exportstrategie eines multinationalen Unternehmens bei Wechselkursunsicherheit 148

Seite

5.4.3.1 Problemstellung 148

5.4.3.2 Das Modell 150

5.4.3.3 Horizontale internationale Integration am Beispiel US-amerikanischer Unternehmen 160

Schlußbetrachtung 164

Literaturverzeichnis 169

Anhang 187

T A B E L L E N V E R Z E I C H N I S

		Seite
Tabelle 1	Auslandsproduktion wichtiger Industrieländer	59
Tabelle 2	Anteil US-amerikanischer multinationaler Unternehmen am bundesdeutschen Import in verschiedenen Wirtschaftszweigen 1977	62
Tabelle 3	Anteil des konzerninternen Handels am gesamten Export der Muttergesellschaften multinationaler Unternehmen, 1977, klassifiziert nach Stammländern	63
Tabelle 3a	Anteil des Intrafirmenhandels am gesamten Export der Muttergesellschaften multinationaler Unternehmen, 1977, klassifiziert nach Wirtschaftszweigen	64
Tabelle 4	Anteil konzerninterner Transaktionen am gesamten US-amerikanischen Handel 1977, 1982, 1984	65
Tabelle 5	Internationalisierungsprofil der weltweit größten Unternehmen, 1977	66
Tabelle 6	Entwicklung des Internationalisierungsgrades von Produktion und Absatz zwischen 1972 und 1977	67
Tabelle 7	Export- und Importstruktur deutscher multinationaler Unternehmen 1966, 1971, 1974	68
Tabelle 8	Export- und Importstruktur deutscher Tochtergesellschaften ausländischer multinationaler Unternehmen 1966, 1971, 1974	69
Tabelle 9	Absatzstruktur US-amerikanischer Auslandsgesellschaften	70
Tabelle 10	Nettokapitalexport und -import in Form von Direktinvestitionen zwischen Bundesrepublik Deutschland und USA bei flexiblen Wechselkursen	75
Tabelle 11	Kapitalverflechtung der USA mit dem Ausland in Form von privaten Portfolio- und Direktinvestitionen 1970-84	91
Tabelle 12	Korrelationskoeffizienten monatlicher Ertragsraten für neun wichtige Aktienmarktindizes	109
Tabelle 13	Anteil des Währungsrisikos am gesamten Investitionsrisiko für einen amerikanischen Anleger (1970-1980)	121
Tabelle 14	Korrelationskoeffizienten verschiedener Aktienindizes aus Sicht unterschiedlicher Investoren	123
Tabelle 15	Titel des US-amerikanischen Dow-Jones-Industrials-Index und deren "Internationalisierungsgrad" (I)	125

Tabelle 16	Zusammenhang zwischen ausländischer Umsatzrendite und Multinationalität	132
Tabelle 17	Zusammenhang zwischen ausländischer Umsatzrendite und Multinationalität unter Berücksichtigung der relativen Auslandsabhängigkeit	133
Tabelle 18	Herkunft des von deutschen multinationalen Unternehmen im Ausland investierten Kapitals 1966 und 1974	145
Tabelle 19	Anteil des aus Deutschland stammenden Investitionskapitals bei den deutschen Tochtergesellschaften ausländischer MNU 1966 und 1974	146
Tabelle 20	Finanzierungsstruktur US-amerikanischer Tochtergesellschaften im Ausland 1982 und 1984	147
Tabelle 21	Absatz US-amerikanischer multinationaler Unternehmen der Verarbeitenden Industrie in der Bundesrepublik und ihrer deutschen Tochtergesellschaften im Ausland 1977	163

EINLEITUNG

Der Übergang zu flexiblen Wechselkursen im Jahre 1973 brachte einschneidende Änderungen in den Welthandels- und Investitionsbedingungen mit sich. Die Phase anhaltender Über- bzw. Unterbewertung der international bedeutsamsten Währungen im System fester Wechselkurse von Bretton Woods wurde abgelöst durch eine bis heute andauernde Periode starker und zum großen Teil unvorhersehbarer Wechselkursfluktuationen. Mit der Einführung grundsätzlich flexibler Wechselkurse verband sich die Hoffnung, daß sie sich der unterschiedlichen Wirtschaftsentwicklung der einzelnen Länder anpassen und somit beispielsweise Schutz vor internationalen Inflationsübertragungen bieten würden. Stattdessen wiesen die Devisenkurse der wichtigsten Anlage- und Reservewährungen weitaus größere Schwankungen auf, als es den Preis-, Kosten- und Einkommensunterschieden zwischen einzelnen Ländern entsprochen hätte. Zwar führte dies zu einer Vielzahl neuer theoretischer Ansätze, die sich mit den Bestimmungsgründen eines flexiblen Wechselkurses beschäftigen. Eine zutreffende Prognose der Wechselkursentwicklung konnte aber noch von keinem der Modelle geleistet werden.

Neben den Marktrisiken im engeren Sinn, die sich aus branchen- oder unternehmensspezifischen Angebots- und Nachfrageentwicklungen ergeben, mußten Unternehmen somit in den vergangenen Jahren zunehmend Risiken aus Wechselkursschwankungen in Rechnung stellen; eine wesentliche Änderung dieser Situation ist auch für die nähere Zukunft kaum zu erwarten. Man wandte sich deshalb verstärkt dem Problem zu, welchem aus der Veränderlichkeit der Wechselkurse resultierenden Risiko Firmen unterliegen und ob dieses Wechselkursrisiko gegebenenfalls den internationalen Austausch behindert.

Die Variabilität von Wechselkursen kann das Volumen des internationalen Handels verringern, wenn Ungewißheit über die in einheimischer Währung anfallenden Gewinne aus grenzüberschreitenden Transaktionen besteht. Ebenso kann sich die Wechselkursveränderlichkeit in höheren Preisen für international gehandelte Güter äußern, wenn zur Abdeckung des Wechselkursrisikos ein Risikozuschlag erhoben wird. Schließlich könnte die Ungewißheit über zukünftige Preisrelationen die internationalen Kapitalbewegungen sowohl in Form von Investitionen in ausländische Produktionsstätten als auch in Form finanzieller Portfolioinvestitionen einschränken.

Zum Einfluß von Währungsschwankungen auf das Volumen des internationalen Handels liegen eine Reihe empirischer Untersuchungen vor, von denen aber keine eine systematische negative Beziehung feststellen konnte. Deutlich weniger Aufmerksamkeit fand die Frage, welche Gründe für dieses Ergebnis verantwortlich sind. So wurde außer acht gelassen, daß auch die Produktion mittels ausländischer Tochtergesellschaften eine Möglichkeit zur Bedienung von Auslandsmärkten darstellt. Dies unterstellt, kann die Wirkung von Wechselkursrisiken auf die internationalen Handelsbeziehungen nur im Zusammenhang mit der internationalen Verteilung der Produktionsstätten von Unternehmen analysiert werden. Darauf deutet die Aussage des Finanzmanagers einer amerikanischen Maschinenbaufirma hin: "We have the option of supplying our overseas customers either via intracompany sourcing (U.S. exports or exports from one of our overseas manufactoring entities) or via local tooling and production. The economics of one option versus the other changes drastically depending on the relative exchange rates."[1)]

Doch auch die theoretische Analyse internationaler Direktinvestitionen hat die Beziehung zwischen ausländischer Kapitalanlage und Wechselkursrisiko eher vernachlässigt. In der Literatur wurde das Problem überwiegend unter dem Blickwinkel diskutiert, daß multinationale Unternehmen als diejenigen Unternehmen, welche Direktinvestitionen durchführen,

---

1) Vgl. DUERR (1977), S. 6.

verstärkt einem Wechselkursrisiko ausgesetzt seien. Nahezu unberücksichtigt blieben hierbei ihre firmeninternen Vorteile zur Kompensation von Wechselkursrisiken. Ohne genauere Kenntnisse der sich durch die Existenz multinationaler Unternehmen ergebenden Strukturänderungen in den internationalen Wirtschaftsbeziehungen lassen sich indes kaum Aussagen über Wohlfahrtseffekte der seit 1973 zu beobachtenden Wechselkursvariabilität treffen.

Vor diesem Hintergrund wird in der vorliegenden Arbeit die Bedeutung multinationaler Unternehmen zur Erklärung der Auswirkungen schwankender Wechselkurse auf den internationalen Handel herangezogen. Dabei gilt es zunächst zu klären, wann Unternehmen das Wechselkursrisiko in ihr Entscheidungskalkül einbeziehen müssen, um danach abzuleiten, welche Möglichkeiten einem multinationalen Unternehmen offenstehen, dieses Risiko zu optimieren.

Am Anfang der Arbeit steht die Herleitung des tatsächlichen Wechselkursrisikos einer Firma. Im Gegensatz zu den in der betriebswirtschaftlichen Literatur verwendeten Klassifikationen, Transaktions- und Translationsrisiko, wird hier davon ausgegangen, daß ein Wechselkursrisiko nur in dem Ausmaß besteht, wie sich der Kapitalwert einer Firma bei Wechselkursfluktuationen verändert. Mit einem nutzentheoretischen Ansatz läßt sich zeigen, daß die Beschränkung auf rein finanzielle Kurssicherungsgeschäfte dem Erfordernis einer Abdeckung dieses "ökonomischen" Wechselkursrisikos nicht gerecht wird.

Ausgehend von einem solchermaßen definierten Wechselkursrisiko werden dann modelltheoretisch die möglichen Auswirkungen auf den internationalen Handel untersucht. Soweit man eine traditionelle Handelsbeziehung zwischen voneinander unabhängigen Transakteuren unterstellt, müßte Wechselkursunsicherheit einen negativen Einfluß auf das Handelsvolumen haben. Dem theoretischen Ergebnis werden die oben angesprochenen empirischen Untersuchungen überblicksweise gegenübergestellt. Es folgt eine Auswertung der spärlich vorhandenen Daten zu Auslandsproduktion und konzerninternem Handel multinationaler Unternehmen, um ihr tatsächliches Gewicht im internationalen Handel und die daraus resultierenden Strukturänderungen ermessen zu können.

Im zweiten Teil der Arbeit schließt sich die Analyse der Beziehung zwischen Wechselkursen und Direktinvestitionen an. Dabei ist zwischen dem Einfluß diskretionärer realer Wechselkursänderungen einerseits und den Auswirkungen der Variabilität von Wechselkursen andererseits zu unterscheiden: Im ersten Fall stellen wechselkursinduzierte Direktinvestitionen eine Anpassung an veränderte relative Preise in dem Sinn dar, daß ein auslandsengagiertes Unternehmen im Rahmen des gängigen Gewinnmaximierungskalküls über die Wahl seiner Produktionsstandorte entscheidet. Demgegenüber setzt die Einbeziehung des Risikos unvorhersehbarer Wechselkursschwankungen in die Investitions-, Produktions- und Finanzierungsentscheidungen einer Firma voraus, daß dieses Risiko nicht effizient über die Finanzmärkte diversifiziert werden kann. Da das "Capital Asset Pricing"-Modell prinzipiell einen theoretischen Ansatz zur empirischen Überprüfung einer solchen Fragestellung liefert, werden die bislang vorhandenen "International Asset Pricing"-Modelle im Hinblick auf ihre Eignung zur Beantwortung dieser Frage diskutiert.

Sowohl die Auswertung darauf aufbauender empirischer Studien als auch eine eigene ökonometrische Untersuchung geben Anhaltspunkte dafür, daß multinationale Unternehmen gegenüber einer individuellen internationalen Portfoliodiversifizierung das überlegene Diversifikationsmedium sind. Im weiteren kann daher unterstellt werden, daß die Berücksichtigung des Wechselkursrisikos firmenintern erfolgt. Anhand zweier Modellansätze, die zum einen die Einbeziehung von Wechselkursrisiken in ein finanzwirtschaftliches Optimierungskalkül, zum anderen die Produktions- und Exportstrategie eines multinationalen Unternehmens bei Wechselkursunsicherheit beschreiben, werden anschließend die firmenspezifischen Optimierungsmöglichkeiten multinationaler Unternehmen analysiert.

Soweit dies aufgrund der bestehenden Daten möglich ist, werden die in der Arbeit aufgestellten Hypothesen jeweils im Anschluß an ihre Herleitung empirisch überprüft oder zumindest mit dem vorhandenen Datenmaterial konfrontiert.

A. WECHSELKURSRISIKO UND INTERNATIONALER HANDEL

1. Das Wechselkursrisiko einer Firma

1.1 Klassifikation von Wechselkursen

Das Interesse an den Auswirkungen starker Wechselkursschwankungen auf Welthandel und internationale Direktinvestitionen resultiert aus der Erkenntnis, daß fluktuierende Wechselkurse das Unternehmensrisiko erhöhen. Dies gilt nicht nur für multinationale und außenhandelsorientierte Firmen; auch eine Firma, deren Absatz und Beschaffung auf den einheimischen Markt beschränkt sind, sieht sich Veränderungen ihrer Wettbewerbsstellung aufgrund von Wechselkursschwankungen ausgesetzt.[1)]

Es besteht allgemein Übereinstimmung darüber, daß Wechselkursänderungen die Einkommensströme und den Vermögenswert einer Firma beeinflussen, aber die Meinungen gehen auseinander, welcher der relevante Wert ist, der einem Risiko unterliegt. In der betriebswirtschaftlichen Literatur wird das Wechselkursrisiko vor allem seit der Einführung von FASB No. 8 (verbindliche Empfehlung des Financial Accounting Standards Board der USA zur Bilanzierung von Anlagen und Verbindlichkeiten in Fremdwährung)[2)] unter den Begriffen Transaktionsrisiko und Translationsrisiko diskutiert, wobei sich ersteres auf die Umrechnung von Nominalforderungen und -verbindlichkeiten, letzteres auf Sachanlagen bezieht.

Wechselkursbewegungen, die lediglich Inflationsunterschiede zwischen den einzelnen nationalen Währungen ausgleichen, verändern aber weder den Realwert von Bilanzpositionen noch die Wettbewerbsstellung von Unternehmen, wenn sie entsprechend den Inflationserwartungen in den Preisen und in den Nominalzinssätzen vorweggenommen worden sind. Es wäre dem-

---

1) Vgl. u.a. WIHLBORG (1980), S. 31 ff. und SHAPIRO (1982), S. 129.

2) Vgl. Financial Accounting Standards Board (1975).

entsprechend falsch, sie ökonomisch als Wechselkursrisiken zu interpretieren. Ein Unternehmen unterliegt nur in dem Ausmaß einem "ökonomischen" Wechselkursrisiko, wie sich seine zukünftigen cash flows aufgrund von Wechselkursschwankungen verändern, d.h. sein Kapitalwert als der auf den gegenwärtigen Zeitpunkt diskontierte Wert des Saldos der erwarteten zukünftigen Einnahmen und Ausgaben beeinflußt wird. "The major conclusions are that the sector of the economy a firm operates in (export, import competing, or purely domestic) and the source of its inputs (imports, domestic traded or nontraded goods) are far more important in delineating a firm's true economic exposure than is any accounting definition."[1)]

Um die verschiedenen Konzeptionen zur Messung von Währungsrisiken gegeneinander abgrenzen zu können, wird zunächst kurz auf die Definitionen Translations- und Transaktionsrisiko eingegangen.

Das Translations- oder Bewertungsrisiko bezieht sich auf den nach bestimmten Bilanzierungsgrundsätzen ermittelten Buchwert von Anlagen in Fremdwährung. Wenn sich Wechselkurse von einem Bilanzstichtag zum anderen ändern, so entstehen Währungsgewinne bwz. -verluste z.B. bei der Konsolidierung der Nettovermögensbestände ausländischer Tochtergesellschaften zu der in der Währung der Muttergesellschaft aufgestellten Gesamtunternehmensbilanz.[2)] Entsprechend den Auflagen von FASB No. 8[3)] werden solche Währungsverluste als Realwertminderung ausländischer Nominalaktiva gesehen und beeinflussen damit den Periodengewinn der Muttergesellschaft.

---

1) SHAPIRO (1977), S. 37.

2) Zu den verschiedenen Konsolidierungsmethoden, die für die einzelnen Bilanzpositionen jeweils unterschiedliche Kombinationen von Tageskursen und historischen Wechselkursen verwenden (Current/Noncurrent, Monetary/Nonmonetary und Current Rate Method) vgl. u.a. BLIN, GREENBAUM und JACOBS (1981), S. 26 ff. und NANCE und ROEMMICH (1983), S. 44 ff.

3) Nach den Bilanzierungsregeln von FASB No. 8 sollen die monetären Aktiva und Passiva zum augenblicklichen und die nichtmonetären Positionen zum historischen Wechselkurs konsolidiert werden. Vgl. z.B. WIHLBORG (1980), S. 24 f.

Das Translationsrisiko ist daher von besonderer Bedeutung für Firmen mit Zweigniederlassungen, Tochtergesellschaften und Beteiligungsunternehmen im Ausland.

Die andere, weithin verwendete Definition eines Wechselkursrisikos, das Transaktionsrisiko, stellt auf die Einkommensströme aus im Ausland getätigten, vertraglich festgelegten Transaktionen in der zu bilanzierenden Periode ab. Ein Währungsverlust würde dann entstehen, wenn die Währungen, in denen Nominalforderungen nominiert sind, zwischen Einleitung des Geschäftes und Zahlung relativ zu denen abwerten, in denen die Nominalverbindlichkeiten ausgedrückt sind.

Es stellt sich nun die Frage, ob diese Definitionen eines "exposure"[1)] alle relevanten Größen einbeziehen. Sowohl Translations- als auch Transaktionsrisiko tun dies nur partiell. Gegen das Translationsrisiko wird eingewandt, daß Konsolidierungsverluste aufgrund von Abwertungen nur unrealisierte vorübergehende Verluste darstellen, die längerfristig durch Preissteigerungen in lokaler Währung zumindest teilweise kompensiert werden können.[2)] Auf der anderen Seite gehen Risiken aus Änderungen zukünftiger Kosten, Erträge oder der Rentabilität, welche sich nicht unmittelbar in den Bilanzpositionen niederschlagen, nicht in die Betrachtung ein.[3)] Das Transaktionsrisiko in der praktizierten Form vernachlässigt cash flows aus Transaktionen, die erst in zukünftigen Perioden anfallen und nicht vertraglich festgelegt sind, wie etwa nicht deklarierte Dividenden, und solchen, die nicht direkt mit Währungstransaktionen verbunden sind, wie z.B. das Absatzvolumen auf dem lokalen Markt nach einer Wechselkursänderung.[4)]

---

1) "Exposure" bezeichnet eine offene Position in Fremdwährung, welche einem Wechselkursrisiko ausgesetzt ist, also z.B. im Fall einer Abwertung den Überhang der von der Abwertung gefährdeten Aktiva über die Passiva.

2) Vgl. HAUSER (1982), S. 308 f. und ALIBER (1978), S. 111.

3) Vgl. SCHARRER (1978), S. 50 f.

4) Vgl. RODRIGUEZ (1979), S. 50.

Ein geeignetes Maß für das Wechselkursrisiko muß also den Einfluß von Wechselkursschwankungen auf das Niveau und die Variabilität sämtlicher gegenwärtigen und zukünftigen Einkommensströme der Firma erfassen.[1]

Bei der Beurteilung eines in dieser Weise definierten Wechselkursrisikos ist allerdings die Risikoeinstellung der Kapitaleigentümer zu berücksichtigen. Innerhalb eines vollkommenen Kapitalmarktes können die Anteilseigner selbst Wechselkursrisiken durch Kurssicherungsgeschäfte und Diversifikation abdecken; für die einzelne Firma entfällt dann die Notwendigkeit einer Berücksichtigung des Wechselkursrisikos. Ebenso kann bei unvollkommenen Kapitalmärkten das Wechselkursrisiko vernachlässigt werden, wenn die Struktur des Firmenportfolios Währungsrisiken eliminiert, indem Währungsverluste durch Gewinne in einer anderen Währung genau ausgeglichen werden. Nun sind aber weder die Kapitalmärkte so perfekt noch die Möglichkeiten internationaler Diversifizierung ausreichend, um nicht den Firmenwert abhängig vom Wechselkursrisiko erscheinen zu lassen.[2] Vom Standpunkt des Anteilseigners einer Firma aus würde dann eine Erhöhung des Risikos z.B. aufgrund größerer Veränderlichkeit des Kapitalwertes[3] eine Erhöhung des geforderten Diskontierungssatzes nach sich ziehen; für die Firmen würde dies höhere Kapitalkosten bedeuten.[4]

---

1) Vgl. AGGARWAL (1976), S. 66 ff. und HEKMAN (1981), S. 256.

2) Auf diesen Punkt wird in 5.3 näher eingegangen.

3) Die Variabilität des Kapitalwertes wird dabei in vielen Fällen an der Kaufkraft in inländischer Währung gemessen werden; dies muß aber nicht notwendigerweise zutreffen. Solange sich eine Firma kapitalmäßig eindeutig auf einen Währungsraum abstützt, wird in der Regel die jeweilige einheimische Währung der Währungsmaßstab sein. Für ein Unternehmen mit international breit gestreutem Aktienbesitz müßte der Maßstab anhand eines Währungskorbes formuliert sein, der in etwa der Struktur der Eigentumsverhältnisse entspricht. Vgl. HECKERMAN (1972) und HAUSER (1982), S. 310, 312.

4) Vgl. SHAPIRO (1982), S. 116.

Rein finanzielle Kurssicherungsgeschäfte, die auf den herkömmlichen Definitionen Translations- und Transaktionsrisiko aufbauen, werden jedenfalls der Abdeckung des eigentlich relevanten Währungsrisikos nicht gerecht; in bestimmten Fällen können sie dieses sogar erhöhen.[1] "The main problem is that top management has sometimes failed to take into account anticipated exchange rate changes in making operating decisions and has left financial management with the essentially impossible task of, through purely financial operations, seeking to recover a loss that is already incurred at the time of the initial transaction."[2]

Dieser Zusammenhang wird anhand eines portfoliotheoretischen Ansatzes näher erläutert, der das Optimierungsverhalten einer risikoaversen Firma bei Ungewißheit über die zukünftige Wechselkursentwicklung beschreibt.[3]

1.2 Optimale Hedging-Politik einer international operierenden Firma

Ausgangspunkt sei eine in zwei Ländern tätige Firma, deren Kapitalwert ihrer zukünftigen Gewinne in Inlandswährung mit V bezeichnet wird. x repräsentiere die ausländischen Nettoaktiva in Auslandswährung, e den Preis für eine ausländische Währungseinheit gemessen in inländischen Währungseinheiten. Die Höhe von V werde von Wechselkursänderungen beeinflußt, so daß $V = V(e)$. Der Kapitalwert der Firma in Inlandswährung beträgt dann $V + ex - e_0x$, wobei e_0 den gegenwärtigen Wechselkurs darstellt. V und e werden als Zufallsvariablen aufgefaßt. Für den Einfluß einer gegebenen Wechselkursänderung auf den Firmenkapitalwert ergibt sich daraus $\frac{\partial V}{\partial e} + x$.[4]

1) Vgl. u.a. RODRIGUEZ (1979), S. 51 f.; SHAPIRO und RUTENBERG (1976), S. 52 f. und HEKMAN (1981), S. 258 ff.

2) SHAPIRO (1982), S. 110.

3) Der folgende Ansatz basiert auf SHAPIRO (1977), verwendet aber eine anders spezifizierte Nutzenfunktion.

4) Nach den herkömmlichen "accounting"-Methoden wäre x die abzusichernde Währungsposition, der Einfluß von $\frac{\partial V}{\partial e}$ auf das Gesamtrisiko der Firma würde nicht berücksichtigt.

Ein übliches Instrument zur Reduzierung des Wechselkursrisikos der ausländischen Aktiva ist die Schaffung von kompensierenden Verbindlichkeiten in Auslandswährung. Sei y der Betrag eines solchen Deckungsgeschäftes, wobei die Hedgingkosten (e - c)y betragen sollen.[1]

Um nun die optimale Höhe des "exposure", x - y, zu finden, wird eine quadratische, strikt konkave Nutzenfunktion der Form

$$E[(U(K)] = a_0 + a_1\bar{K} - a_2\bar{K}^2 - a_2\sigma_K^2$$

eingeführt, wobei $\bar{K}$ den Erwartungswert des Kapitalwertes und σ_K^2 seine Varianz als Maß für das aus Ungewißheit resultierende Risiko bezeichnen. Die in der Nutzenfunktion unterstellte Risikoaversion impliziert, daß die Firma nicht den Erwartungswert des Kapitalwertes maximiert, sondern den Erwartungswert des Nutzens:

$$E(U) = a_0+a_1[\bar{V}+\bar{e}(x-y)+cy-e_0x]-a_2[\bar{V}^2+2(x-y)\bar{e}\bar{V}+2(cy-e_0x)\bar{V}+$$
$$+2(cy-e_0x)(x-y)\bar{e}+\bar{e}^2(x-y)^2+(cy-e_0x)^2+\sigma_V^2+(x-y)^2\sigma_e^2+$$
$$+2(x-y)\mathrm{cov}(V,e)]$$

$\bar{V}$, $\bar{e}$ bzw. σ_V^2, σ_e^2 geben die jeweiligen Mittelwerte bzw. Varianzen von V und e an, cov(V,e) die Kovarianz zwischen V und e.

Differenziert man den Erwartungswert des Nutzens, so erhält man

$$\frac{\partial E(U)}{\partial y} = a_1(c-\bar{e})-2a_2[c\bar{V}-\bar{e}\bar{V}+\bar{e}e_0x-ce_0x+(y-x)(\sigma_e^2+\bar{e}^2-c\bar{e})-c\bar{e}y+$$
$$+c^2y-\mathrm{cov}(V,e)]$$

Nach der Maximierungsbedingung erster Ordnung, $\partial E(U)/\partial y = 0$, ergibt sich für ein y, das den Erwartungswert des Nutzens maximiert:

---

1) Besteht z.B. das Sicherungsgeschäft aus einem Terminkontrakt, wäre $(e_0-c)/e_0$ der Devisenterminzu- oder -abschlag.

$$y = \frac{a_1(\bar{e}-c)+2a_2[\mathrm{cov}(V,e)+(\bar{e}-c)(\bar{V}-e_0x)+x(\sigma^2+e^2-c\bar{e})]}{2a_2[\sigma_e^2+(\bar{e}-c)^2]}$$

Nimmt man an, daß $c - \bar{e} = 0$, also keine Kosten der Kurssicherung entstehen, so vereinfacht sich der vorhergehende Ausdruck zu

$$y = \frac{x\sigma_e^2+\mathrm{cov}(V,e)}{\sigma_e^2} = x + \frac{\mathrm{cov}(V,e)}{\sigma_e^2}$$

Solange $\mathrm{cov}(V,e) \neq 0$, wird das optimale "level of exposure", $x - y$, nicht Null sein, und zwar unabhängig vom Grad der Risikoaversion, gemessen anhand der Koeffizienten a_1 und a_2. Wäre die Kovarianz negativ und betragsmäßig genügend groß, kann y sogar negativ werden; man würde dann eine offene Position in Auslandswährung noch vergrößern.

Um den Beitrag von Wechselkursänderungen zum Gesamtrisiko zu erfassen, genügt es also nicht, nur die in Auslandswährung nominierten Bilanzpositionen zu berücksichtigen und diese durch Kurssicherungsgeschäfte abzudecken. Verwendet man die Variabilität des Kapitalwertes, $\mathrm{var}(V + ex - e_0x)$, als Risikomaß[1)], so muß der gesamte Ausdruck $\sigma_V^2 + x^2\sigma_e^2 + 2x\,\mathrm{cov}(V,e)$ betrachtet werden. Aus einer solchen Definition des Wechselkursrisikos folgt, daß dieses unter Umständen auch das Gesamtrisiko der Firma vermindern kann.

Die hier auf das Translationsrisiko bezogenen Überlegungen kann man auch auf das Transaktionsrisiko übertragen.[2)] Unbeeinflußt von Wechselkursschwankungen bleibt eine Firma, die ihre Auslandstransaktionen z.B. durch ein Devisentermingeschäft kurssichern will, nur dann, wenn der Wert der Auslandsforderung oder -verbindlichkeit bezüglich des Wech-

---

1) Dies ist nur eine Möglichkeit zur Messung des Firmenrisikos. Das Capital-Asset-Pricing-Modell würde das Wechselkursrisiko abhängig vom Ausmaß des Einflusses von Wechselkursänderungen auf das systematische Firmenrisiko ansehen. Vgl. hierzu ausführlicher Punkt 5.1.

2) Vgl. dazu HEKMAN (1981), S. 256-261.

selkurses unveränderlich ist. Bei einer Kovarianz zwischen Wechselkurs und ausländischem cash flow von ungleich Null besteht das "versteckte" Risiko eines Terminkontraktes darin, daß der genaue Betrag des ausländischen cash flow unsicher ist. Wird ein cash flow kursgesichert, dessen Wert in Auslandswährung z.B. aufgrund einer Bindung an Weltmarktpreise mit einer Aufwertung (Abwertung) der heimischen Währung abnimmt (zunimmt), so wird dieser Wertrückgang(-anstieg) noch verstärkt durch einen Aufwertungsverlust(Abwertungsgewinn) aus dem Devisenterminkontrakt. Dies könnte zur Erklärung der Beobachtung beitragen, daß Unternehmen sehr viel weniger Devisentermingeschäfte abschließen als man zunächst vermuten könnte, und sich die Terminmärkte nur langsam erweitern.[1)] Auch das Fehlen großer Umsätze auf Terminmärkten für längere Fristigkeiten ist damit konsistent, denn eine der Komponenten des "hidden risk" - die Variabilität der Wechselkurserwartungen - muß sich mit zunehmender Fristigkeit verstärken.[2)] Soweit die zukünftigen Kosten und Güterpreise bzw. Fälligkeit und Höhe des Bedarfs an Termindevisen nicht vorhersehbar sind, kön-

---

1) "Such low observed levels of forward market utilization suggest that utilization of forward markets may constitute only a small part of an overall approach to the problem of dealing with exchange risk ...". MAKIN (1978), S. 527.

2) Zusätzlich ist zu berücksichtigen, daß die Kosten der Kurssicherung per Termingeschäft hoch sein können. Nach Schätzungen von FRENKEL und LEVICH besteht ein enger Zusammenhang zwischen der Spanne von Geld- und Briefkurs und dem Ausmaß an Unsicherheit. Eine größere Spanne erhöht aber die Transaktionskosten. Soweit die Transaktionskosten fixe Komponenten enthalten, besteht außerdem eine inverse Beziehung zwischen den Durchschnittskosten eines Kurssicherungsgeschäftes und dem Transaktionsvolumen. In dem Ausmaß, in dem ein Anstieg der Ungewißheit die durchschnittliche Transaktionsmenge verringert, werden dann zusätzlich die Transaktionskosten erhöht. Vgl. FRENKEL und LEVICH (1979), S. 62 f. sowie SCHARRER u.a. (1978), S. 336 ff. und BURTLE und MOONEY (1978), S. 155 f.

Außerdem wird bei dauernder Inanspruchnahme der Terminmarktsicherung das Risiko aus Wechselkursfluktuationen nur vom Kassa- auf den Terminmarkt übertragen. Müßte z.B. ein Exporteur kontinuierlich per Termin eine Währung mit Deport gegenüber seiner heimischen Währung verkaufen, würden seine Gewinne dauernd geschmälert werden, wenn er nicht entsprechend seine (Einkaufs- und) Verkaufspreise anpassen kann. Vgl. hierzu CARSE und WOOD (1979), S. 178, und ALIBER (1978), S. 96, sowie ders. (1977), S. 182.

nen auch gut entwickelte Terminmärkte nur begrenzten Schutz vor Währungsrisiken bieten.[1)]

Im nächsten Schritt muß nun geklärt werden, wann die zukünftigen cash flows der Firma von Wechselkursfluktuationen beeinflußt werden, unter welchen Umständen also cov(V,e) ≠ 0.

1.3 Ableitung des "ökonomischen" Wechselkursrisikos aus Abweichungen von den Bedingungen vollkommener Märkte

Nimmt man an, daß die Investoren eine Firma entsprechend ihrer zukünftigen realen und nicht nominalen cash flow bewerten[2)], so liegt ein Wechselkursrisiko im ökonomischen Sinn nur dann vor, wenn Abweichungen von den Arbitragebedingungen Kaufkraftparität und Zinsparität existieren.

Gilt nämlich das Kaufkraftparitätentheorem zumindest in seiner relativen Form[3)] fortwährend, dann sind die nichtmonetären Aktiva der Firma keinem Wechselkursrisiko ausgesetzt, da Wechselkursschwankungen nur die lokalen Wertzuwächse nichtmonetärer Assets wie Betriebsanlagen, Lager etc. aufgrund lokaler Preissteigerungen kompensieren.[4)] Dies impliziert, daß nominale Wechselkursänderungen die relativen Preise unberührt lassen. Es besteht dann allein noch das Problem der Realwerterhaltung in der jeweiligen nationalen Währung, also die zutreffende Prognostizierung der zukünftigen Inflationsrate.

---

1) Vgl. auch AKHTAR und HILTON (1984), S. 11.

2) Die Investoren seien also nur an der Kaufkraft der antizipierten zukünftigen cash flows interessiert.

3) Die relative Kaufkraftparitätentheorie besagt, daß die Veränderungsrate des Wechselkurses gleich der Differenz zwischen in- und ausländischer Inflationsrate ist. Vgl. z.B. NEUMANN (1984), S. 320.

4) Vgl. ALIBER (1978), S. 106.

Daneben unterliegen auch Finanzaktiva und -passiva keinem Währungsrisiko, wenn bei dauernder Gültigkeit der "ungedeckten" Zinsparität ("Fisher Open")[1] abwertungsbedingte Währungsverluste durch höhere Nominalzinssätze annähernd ausgeglichen werden.

Stimmen in einem Gleichgewicht die tatsächlichen Inflations- bzw. Wechselkursänderungsraten mit den erwarteten überein, so gleichen sich die realen Ertragssätze für identische Geschäftsrisiken in verschiedenen Ländern aus. Es wäre trotz schwankender Wechselkurse unerheblich, in welchen Währungen man Kauf- und Verkaufsverträge abschließt, Finanzkapital anlegt oder produziert und investiert.[2]

Auf der Basis dieses währungsrisikofreien Szenarios kann man nun die Gründe für tatsächlich auftretende Wechselkursrisiken untersuchen. Vergleicht man die beiden Extrempositionen zu dem, was das "exposure" einer Firma ausmacht - alle ausländischen Aktiv- und Passivpositionen sind vollständig einem Wechselkursrisiko ausgesetzt gegenüber der Feststellung, bei Abwesenheit von Marktunvollkommenheiten existiert ein reales "exposure" nicht - so stellt sich die Beziehung zwischen Preisen und Wechselkurs als Schlüsselaspekt bei der Definition des "exposures" dar. Während der eine Extremfall nämlich völlige Unabhängigkeit von in- und ausländischer Preisentwicklung und Wechselkursänderungen unterstellt, wird im anderen die Annahme vollkommen flexibler Preise (ohne Handelsbeschränkungen) getroffen. Es genügt deshalb nicht, nur auf das "exposure" der von einer Firma durchgeführten Auslandsaktivitäten abzustellen, da

---

1) "Fisher Open" sagt aus, daß die erwartete Änderungsrate des Devisenkassakurses mit der Differenz zwischen in- und ausländischem Zinssatz für vergleichbare Vermögenstitel übereinstimmt, wobei eine vollkommene Substituierbarkeit zwischen nicht kursgesicherten in- und ausländischen Finanzaktiva, also Risikoneutralität der Anleger, unterstellt wird. Ein effizienter Markt würde implizieren, daß sich der Swapsatz bei gesicherter und die erwartete Kursänderungsrate bei ungesicherter Zinsarbitrage entsprechen müssen. Vgl. z.B. ALIBER (1976), S. 74 und BILSON (1979), S. 8.

2) Vgl. HAUSER (1982), S. 283 und BLACK (1977), S. 36 f.

auch der inländische Teil einer Firma bzw. rein inländisch orientierte Firmen von realen Wechselkursschwankungen betroffen werden.

Der Kapitalwert einer Firma wird danach von Wechselkursfluktuationen beeinflußt, wenn[1)]

a) Wechselkursänderungen Änderungen der relativen Preise hervorrufen und
b) aufgrund unvollkommener Voraussicht Ungewißheit über die zukünftige Wechselkursentwicklung herrscht.

1.3.1 Definition des "exposure" einer Firma

Um zu einer exakten Definition des "exposure" zu gelangen, wird auf das (Ein-Perioden-)Modell aus Punkt 1.2 einer in zwei Ländern operierenden Firma zurückgegriffen.[2)] Das "exposure" wird anhand der Auswirkungen von Wechselkursschwankungen auf die reale Ertragsrate der Firma gemessen und beschreibt die stochastische Beziehung zwischen Ertragsrate und Wechselkursbewegungen.

Ausgangspunkt ist das anfängliche, in Inlandswährung gemessene Eigenkapital der Firma, NW, als Differenz zwischen dem Sachvermögen A und den nominalen Nettoverbindlichkeiten L:

(1) $$NW = A - L = P^d X^d + eP^f X^f - L^d - eL^f,$$

wobei die Indizes d und f für das In- bzw. Ausland stehen.

NW sei positiv und in dem Sinn vorgegeben, daß Kapitalerhöhungen oder Zahlungen von Dividenden während der betrachteten Periode nicht stattfinden.[3)] Ebenso sei der anfängliche

---

1) Eine weitere Ursache für die Wirkung nominaler Wechselkursänderungen auf reale Einkommensströme ist die Besteuerung von Nominal- anstatt Realeinkommen. Vgl. zu diesem Punkt SHAPIRO (1982), S. 120.

2) Vgl. im folgenden HODDER (1982).

3) Da Aktiva und Passiva in diesem Modell zu Marktpreisen bewertet werden, ist die hier verwendete Definition des Eigenkapitals nicht mit der aus dem Rechnungswesen geläufigen vergleichbar, sondern gibt den Marktwert der Firma wieder.

Bestand an realen Aktiva sowohl in seiner Höhe als auch in seiner Verteilung zwischen beiden Ländern zu Beginn der Periode festgelegt. In- und ausländische Realaktiva werden als homogene Güter angesehen und unterscheiden sich nur nach ihrem Standort. X^d und X^f bezeichnen hier die Quantitäten, P^d und P^f die ungewissen Zukunftspreise pro Einheit in der jeweiligen Landeswährung.[1)] In ähnlicher Weise seien auch die monetären Nettoverbindlichkeiten L^d und L^f außer in ihrer Währungsnominierung homogen. e gibt den Wechselkurs als Einheiten inländischer Währung pro ausländischer Währungseinheit an.

Die prozentuale Änderung des nominalen Eigenkapitals nach einer Periode stellt sich dann dar als

$$(2) \quad \hat{NW} = \frac{1}{NW} \left[P^d X^d (\hat{P}^d + \hat{X}^d) + eP^f X^f (\hat{e} + \hat{P}^f + \hat{X}^f) - L^d \hat{L}^d - eL^f (\hat{e} + \hat{L}^f) \right]$$

$\hat{X}^d$ bzw. $\hat{X}^f$ stellen die physischen Nettowachstumsraten der Kapitalgüter dar und seien von Wechselkursbewegungen unabhängig.

Für die Beziehung zwischen Preisbewegungen und Wechselkurs wird folgender Zusammenhang unterstellt:

$$(3) \qquad \hat{P}^d = \hat{P}^f + \hat{e} + q$$

Würde im Extremfall das "law of one price" (im folgenden LOP) gelten, so wäre q = 0. Ansonsten ist q eine stochastische Variable und repräsentiert die Abweichungen zwischen aktuellen Preisveränderungen und denen, welche bei Gültigkeit des LOP zustandekommen würden. Die stochastischen, die Anpassungsgeschwindigkeit an das LOP bestimmenden Eigenschaften von q hängen dabei sowohl von der Länge des betrachteten Zeitraums als auch von der Art der erfaßten Güter ab.

---

1) P^d und P^f lassen sich als diskontierte Werte der zukünftigen Einkommensströme aus den Nettoaktiva vorstellen.

Um zu einer realen Meßgröße für das Firmen-"exposure" zu gelangen, muß daneben noch die inländische (ungewisse) Inflationsrate einbezogen werden. Diese soll als prozentuale Änderung $\hat{I}$ eines Index I der Preise aller Güter der inländischen Volkswirtschaft dargestellt werden.

Definiert man die reale Ertragsrate der Firma als

$$R = \hat{NW} - \hat{I} \tag{4}$$

und substituiert Gleichung (3), so erhält man

$$\begin{aligned} R &= \frac{1}{NW} [P^d X^d(\hat{P}^d+\hat{X}^d) + eP^f X^f(\hat{P}^d-q-\hat{X}^f) - L^d\hat{L}^d - eL^f(\hat{e}+\hat{L}^f)] - \hat{I} \\ &= \frac{1}{NW} [A\hat{P}^d + (1-\alpha)A\hat{X}^d + \alpha A(\hat{X}^f-q) - (1-\beta)L\hat{L}^d - \\ &\quad - \beta L(\hat{e}+\hat{L}^f) - NW\hat{I}] \end{aligned} \tag{5}$$

wobei α den Anteil der am Anfang der Periode existierenden Realaktiva in Auslandswährung und β den Anteil der in ausländischer Währung nominierten monetären Nettoverbindlichkeiten bezeichnet.

Wäre die Beziehung zwischen realer Ertragsrate der Firma und Wechselkursbewegungen deterministisch, könnte man das "exposure" anhand des Ausdrucks $dR/d\hat{e}$ ermitteln. Da aber Ungewißheit über die zukünftige Wechselkursentwicklung herrscht, kann nur ein Wahrscheinlichkeitsmaß verwendet werden. Wie in Punkt 1.2 aus einer quadratischen Nutzenfunktion hergeleitet, läßt sich dafür der Koeffizient $cov(R,\hat{e})/var(\hat{e})$ heranziehen.

Aus (5) ergibt sich

$$\begin{aligned} cov(R,\hat{e}) &= \frac{1}{NW} [A\ cov(\hat{P}^d,e) - \alpha A\ cov(q,\hat{e}) - \beta L\ var(\hat{e}) - \\ &\quad - NW\ cov(\hat{I},\hat{e})] \end{aligned} \tag{6}$$

so daß

$$\frac{cov(R,\hat{e})}{var(\hat{e})} = \frac{1}{NW} [A\Theta^d - \alpha A\rho - NW\Psi - \beta L] \tag{7}$$

mit $\Theta^d = \frac{cov(\hat{P}^d,\hat{e})}{var(\hat{e})}$, $\rho = \frac{cov(q,\hat{e})}{var(\hat{e})}$ und $\Psi = \frac{cov(\hat{I},\hat{e})}{var(\hat{e})}$

oder in Einheiten inländischer Währung ausgedrückt

(8) $\varepsilon = NW \left[\frac{cov(R,\hat{e})}{var(\hat{e})}\right] = A\Theta^d - \alpha A\rho - NW\Psi - \beta L$

In Gleichung (8) repräsentiert ε das Gesamt-"exposure" der Firma, Θ^d, ρ und Ψ die individuellen "exposure" des in- und ausländischen Sachkapitals sowie des Nettovermögens, während βL die vollständig einem Wechselkursrisiko ausgesetzte ausländische Verschuldungsposition der Firma darstellt.

Betrachtet man allein das "exposure" der nichtmonetären Inlandsaktiva, Θ^d, so läßt sich festhalten, daß $cov(\hat{P}^d,\hat{e})$ dann ungleich Null ist, wenn die inländischen Preise der Firmenassets stochastischen Schwankungen unterliegen *und* mit auftretenden Wechselkursänderungen korreliert sind. Dies trifft vor allem für Firmen zu, deren Güter international handelbar sind und welche keine Monopolstellung am heimischen Markt besitzen. Gemäß der Definition des Wechselkurses als Kosten der Auslandswährung würde man erwarten, daß ein Anstieg von e mit einer Erhöhung des Inlandspreises für ein handelbares Gut einhergeht; $cov(\hat{P}^d,\hat{e})$ beziehungsweise Θ^d wären also positiv.

Würde die Firma nach dem Gesichtspunkt der Risikoabsicherung ihre Nettofinanzposition zwischen den beiden Währungen verteilen, so impliziert ein positives Θ^d tendenziell ein $\beta L > 0$, d.h. eine Nettoauslandsverschuldung.

Bei der Bestimmung des Koeffizienten Ψ kann man davon ausgehen, daß in einem System flexibler Wechselkurse die nichtantizipierten Änderungen der inländischen Inflationsrate und Wechselkursschwankungen miteinander in Beziehung stehen, so daß $cov(\hat{I},\hat{e}) \neq 0$. Da es jedoch wahrscheinlich ist, daß die Wechselkursveränderlichkeit die Varianz der Inflationsrate weit übersteigt, wird Ψ kleiner Eins sein. Das

Vorzeichen von Ψ hängt dabei von der relativen Stabilität des inländischen Preisniveaus ab. Um dies zu sehen, betrachte man die Gleichung der relativen Kaufkraftparität, $\hat{e} = \hat{I}^d - \hat{I}^f$ mit $\hat{I}^f$ als ausländischer Inflationsrate, woraus sich $\mathrm{var}(\hat{e}) = \mathrm{cov}(\hat{I}^d,\hat{e}) - \mathrm{cov}(\hat{I}^f,\hat{e})$ ergibt.[1] Ist die ausländische Inflationsrate relativ stabil, trägt sie weniger zur Varianz des Wechselkurses bei, so daß $\mathrm{cov}(\hat{I}^d,\hat{e})$ und damit Ψ positiv sein werden. Ist andererseits die inländische Inflationsrate stabiler, so wird Ψ einen kleineren Wert annehmen und kann auch negativ werden.

Ein positives Ψ bedeutet nach (8) ein negatives "exposure" des Eigenkapitals - falls das Gesamt-"exposure" ε minimiert werden soll, impliziert dies $\beta L < 0$. Danach empfiehlt es sich also, monetäre Aktiva in der stabileren Währung zu halten.

Zuletzt soll noch ρ unter Rückgriff auf Gleichung (3) untersucht werden. Aus (3) ergibt sich:

$$(9) \qquad \mathrm{cov}(q,\hat{e}) = \mathrm{cov}(\hat{P}^d,\hat{e}) - \mathrm{cov}(\hat{P}^f,\hat{e}) - \mathrm{var}(\hat{e})$$

oder

$$\frac{\mathrm{cov}(q,\hat{e})}{\mathrm{var}(\hat{e})} = \frac{\mathrm{cov}(P^d,\hat{e})}{\mathrm{var}(\hat{e})} - \frac{\mathrm{cov}(\hat{P}^f,\hat{e})}{\mathrm{var}(\hat{e})} - 1$$

beziehungsweise

$$(10) \qquad \rho = \Theta^d - \Theta^f - 1$$

für $\Theta^f = \frac{\mathrm{cov}(\hat{P}^f,\hat{e})}{\mathrm{var}(\hat{e})}$ würde man ein negatives Vorzeichen erwarten, da in genauem Gegensatz zu Θ^d $\mathrm{cov}(\hat{P}^f,\hat{e})$ für handelbare Güter wahrscheinlich negativ ist.

---

1) Unter Verwendung der Definition einer Varianz bzw. Kovarianz erhält man für die obige Gleichung:

$$\mathrm{var}(\hat{e}) = E(\hat{e}^2)-[E(\hat{e})]^2 = \mathrm{cov}(\hat{I}^d,\hat{e}) - \mathrm{cov}(\hat{I}^f,\hat{e})$$
$$= E(\hat{I}^d\hat{e}) - E(\hat{e})E(\hat{I}^d) - E(\hat{I}^f\hat{e}) + E(\hat{e})E(\hat{I}^f),$$

wobei E den Erwartungswert einer Variablen bezeichnet.

Nach Einsetzen von $E(\hat{I}^d) = E(\hat{e}) + E(\hat{I}^f)$ und $\hat{I}^d\hat{e} = \hat{e}^2 + \hat{I}^f\hat{e}$ folgt

$$\mathrm{var}(\hat{e}) = E(\hat{e}^2+\hat{I}^f\hat{e}) - [E(\hat{e})]^2 - E(\hat{e})E(\hat{I}^f) - E(\hat{I}^f\hat{e}) + E(\hat{e})E(\hat{I}^f)$$
$$= E(\hat{e}^2) - [E(\hat{e})]^2$$

q.e.d.

Wären die realen Aktiva der Firma vollständig handelbar, so würde das LOP zu jedem Zeitpunkt gelten und sowohl q als auch ρ wären immer gleich Null. In diesem Fall gilt: $\Theta^d - \Theta^f = 1$. Die notwendige Preisanpassung an eine Wechselkursänderung wird in beiden Ländern mit einem Preisanstieg in einem Land und einer Preissenkung im anderen Land vonstatten gehen. Wenn ein Land im Verhältnis zum anderen sehr groß ist, wird die Anpassungslast allerdings fast ausschließlich von dem kleineren getragen werden.

Bei nicht perfekt handelbaren Gütern und/oder einer schleppenden Anpassung der Gütermärkte an exogene Schocks ist aber $\Theta^d - \Theta^f < 1$ und damit ρ negativ. Abweichungen vom LOP führen mithin zu einem positiven "exposure" der ausländischen Sachanlagen bzw. einer Nettokreditaufnahme im Ausland, falls dieses "exposure" abgedeckt werden soll. Da ρ sich bei zunehmender Betrachtungsperiode gegen Null annähert, variiert die Bedeutung des durch ρ angezeigten Wechselkursrisikos mit dem unterstellten Zeithorizont. Im Extremfall der andauernden Gültigkeit des LOP hat die Verteilung des Sachkapitals zwischen verschiedenen Ländern dagegen keinen Einfluß auf ε, unabhängig vom betrachteten Zeitraum.

Hier bietet sich nun die Gegenüberstellung einer "rein inländischen" Firma ohne ausländische Aktiva und Passiva an. Für eine solche Firma wären α und β gleich Null, gleichwohl ergibt sich aber ein wechselkursabhängiges "exposure" in Höhe von

$$\varepsilon = A\Theta^d - NW\Psi \tag{11}$$

Um dieses "exposure" zu eliminieren, könnte die Firma eine Auslandskreditaufnahme im Betrag von $(A\Theta^d - NW\Psi)$ vornehmen. Die zunächst paradox erscheinende Situation, daß eine nur auf den Inlandsmarkt ausgerichtete Firma Positionen in Auslandswährung dazu benutzt, ihre inländischen Aktiva und den Realwert des Eigenkapitals abzusichern, erklärt sich aus der Korrelation zwischen Wechselkursbewegungen und inländischen Preisänderungen. Selbst ohne jeglichen Außenhandel in Input- und/oder Outputgütern schlagen sich Wechselkursänderungen in der realen Firmenertragsrate nieder, wenn z.B. Lagerbestände international handelbarer Güter gehalten werden, oder die Firma in einem importkonkurrierenden Sektor tätig ist.

Aus dem vorangegangenen wird deutlich, daß ein ökonomisches Wechselkursrisiko nicht nur für international operierende Unternehmen, sondern ebenso auch für rein einheimische Firmen auftreten kann. Die Definition des "exposure" wurde aber unter der Annahme einer vorgegebenen Struktur der realen Aktiva abgeleitet, ohne Anpassungsmöglichkeiten der Firma an Wechselkursschwankungen zu berücksichtigen. Um die tatsächliche Relevanz des Wechselkursrisikos für unterschiedliche Firmen beurteilen zu können, sollen deswegen die Einflußfaktoren relative Preisänderungen und Wechselkursunsicherheit näher beleuchtet werden.

1.3.2 Bedeutung der Einflußfaktoren

1.3.2.1 Relative Preisänderungen

Die Erfahrungen mit dem System flexibler Wechselkurse haben gezeigt, daß auch längerfristig, d.h. über einen Zeitraum von zum Teil mehr als zwei Jahren, große Abweichungen von den Kaufkraftparitäten auftreten können.[1)]

---

1) Vgl. z.B. ISARD (1977). Neuere theoretische Ansätze zur Bestimmung eines Wechselkurses, die sog. "Assetmarktansätze", sehen den Wechselkurs als relativen Preis zweier Währungen an, der von tatsächlichen und gewünschten Beständen der in diesen Währungen ausgedrückten Finanzaktiva bestimmt wird. Die Kaufkraftparität geht in diese Ansätze nur als Bedingung für einen langfristigen Gleichgewichtswechselkurs ein, als kurzfristige Bestimmungsfaktoren werden internationale Zinsdifferenzen, unterschiedliche, in Risikoprämien ausgedrückte Portfoliopräferenzen und Erwartungsänderungen über den zukünftigen Wechselkurs angeführt. Die Annahme unterschiedlicher Anpassungsgeschwindigkeiten von Finanz- und Gütermärkten erlaubt dann im Anpassungsprozeß an ein langfristiges Gleichgewicht explizit Abweichungen von der Kaufkraftparität (z.B. "Overshooting"-Hypothese von DORNBUSCH), vgl. u.a. DORNBUSCH (1976), ders. (1980), FRANKEL (1979) und FRENKEL und MUSSA (1980).

Selbst wenn die anhand eines umfassenden Preisindex formulierte Kaufkraftparität gelten würde, müssen Verluste (Gewinne) aus dem Wertverfall einer Währung nicht unbedingt die Inflationsgewinne(-verluste) einer Firma kompensieren, solange sich für die Firma relevante Preisänderungen auf ihren Güter- und Faktormärkten von Änderungen des allgemeinen Preisniveaus unterscheiden. Bei unveränderten nationalen Produktpreisen und -mengen schlägt sich dieses "ökonomische" Wechselkursrisiko in entsprechenden Ertragsschwankungen nieder, je nachdem, in welchen Währungen produziert und in welchen verkauft wird. Die Veränderung relativer Preise zwischen verschiedenen Währungsräumen beeinflußt damit die Wettbewerbsposition der Firma gegenüber Konkurrenten mit währungsmäßig unterschiedlichen Wertschöpfungsstrukturen. Ein eigentliches "Wettbewerbsrisiko" aus schwankenden realen Wechselkursen besteht aber nur insoweit, als sich die Unternehmen nicht an die veränderten relativen Preise auf der Ertrags- und Kostenseite anpassen können.[1)]

Die angemessene Reaktion auf antizipierte oder aktuelle reale Wechselkursänderungen hängt dabei wesentlich davon ab, ob diese als transitorisch oder permanent angesehen werden. So muß z.B. ein Exporteur nach einer realen Aufwertung seiner heimischen Währung entscheiden, ob und in welcher Höhe er seine Preise in Auslandswährung ansteigen läßt. Waren seine Investitionen in die Etablierung ausländischer Marktanteile hoch und erwartet er nur eine temporäre Wechselkursänderung, wird er wahrscheinlich die bisherigen Auslandspreise beibehalten. Selbst wenn dies eine Verringerung des Stückgewinns in heimischer Währung bedeutet, kann die Alternative, gegenwärtige Erhöhung der ausländischen Verkaufspreise und spätere Rücknahme bei Umkehr der Wechselkursentwicklung, langfristig aufgrund eines Rückgangs seines Marktanteils teuerer werden. Da die Veränderung des Marktanteils von der Preiselastizität der

1) Vgl. HAUSER (1982), S. 312 ff.

Nachfrage auf den lokalen Märkten determiniert wird, ist diese, bzw. ihre Bestimmungsfaktoren wie Grad der Produktdifferenzierung, Substitutionsmöglichkeiten etc., eine weitere Einflußgröße für die Anpassung an Wechselkursschwankungen.

Die Entscheidung, ob z.B. bei einer realen Abwertung der Inlandswährung der Stückpreis in ausländischer Währung beibehalten ("price skimming") oder der Marktanteil gesteigert werden soll ("penetration pricing"),[1] hängt zusätzlich von der verwendeten Produktionstechnik ab. Ist diese durch Unteilbarkeit und dadurch bedingte zunehmende Skalenerträge gekennzeichnet, kann es bei genügend hoher Preiselastizität der Nachfrage sinnvoll sein, die Preise in Auslandswährung zu senken, die Nachfrage zu erhöhen und dadurch die Stückkosten zu verringern.

Je höher die Wahrscheinlichkeit ist, daß sich reale Wechselkursänderungen in näherer Zukunft umkehren, und je weniger preiselastisch die Nachfrage ist, um so geringer wird die Reaktion der Preise der entsprechenden Handelsgüter auf Wechselkursfluktuationen ausfallen. Dies impliziert entgegen der Hypothese des "law of one price" eine Segmentierung bestimmter nationaler Märkte für Handelsgüter.[2] "Firms with strong preferences for stable prices and extensive foreign markets might be expected to try to maintain stable prices in all markets, and firms in oligopolistic markets might bring considerable market power to such efforts."[3] Im einfachsten Fall setzt die Firma den Preis eines Gutes entsprechend den lokalen Marktbedingungen in einzelnen Ländern und behält diesen Preis ungeachtet kurzfristiger Wech-

---

1) Vgl. SHAPIRO (1982), S. 197.

2) In einer Reihe empirischer Studien wurden für die Zeit flexibler Wechselkurse derartige systematische Abweichungen der nationalen Preise für Handelsgüter, selbst auf sehr disaggregiertem Niveau, beobachtet. Vgl. u.a. KRAVIS und LIPSEY (1978) und ISARD (1977).

3) DUNN (1970), S. 141.

selkursfluktuationen bei.[1] Eine solche Preispolitik erfordert allerdings genügend hohe Gewinnmargen, in denen andauernde Ertragsschwankungen in eigener Währung aus Exportgeschäften absorbiert werden können.

Für Unternehmen, deren Produkte wenig preiselastisch sind, wird das Wechselkursrisiko jedenfalls geringer sein als für solche, bei denen der Preis einen entscheidenden Wettbewerbsparameter im Export darstellt. Bei einem längerfristigen Aufwertungstrend der heimischen Währung kann dies eine Firma veranlassen, ihre für den Export bestimmten Produktlinien auf höherwertige Produkte umzustellen und durch die Hervorhebung von Produktqualität, Serviceleistungen etc. ein Marktsegment mit geringerer Preiselastizität zu suchen.[2]

Bezüglich der Kosten ist entscheidend, wie flexibel die Wertschöpfungsstruktur über die Substitution von Vorleistungen oder über Produktionsverlagerungen den veränderten relativen Preisen angepaßt werden kann. Ob z.B. nach einer Abwertung der heimischen Währung tatsächlich Kostensenkungen aufgrund einer Substitution importierter Inputfaktoren durch inländisch produzierte Güter und Dienstleistungen möglich sind, hängt von deren nachfolgendem Preisverhalten ab. Je höher der Anteil international handelbarer Güter

---

1) Augenscheinlich widersprechen die daraus resultierenden Preisdifferenzen zwischen In- und Auslandsmärkten der Theorie, da sie unausgeschöpfte Gewinnmöglichkeiten implizieren. Man kann aber zeigen, daß ein solches Preissetzungsverhalten im Modell einer gewinnmaximierenden Firma begründet werden kann, wenn man Anpassungsverzögerungen der Nachfrage an Preisunterschiede einführt. Vgl. DOHNER (1984). Eine andere Erklärung liefern BLEJER und HILLMAN, die Abweichungen vom "law of one price" auf die Ungewißheit über zukünftige Inflationsraten bzw. hohe Variabilität relativer Preise zurückführen, welche risikoaverse Firmen davon abhält, sämtliche Arbitragemöglichkeiten auszuschöpfen, vgl. BLEJER und HILLMAN (1982).

2) "The appreciation of the deutsche mark relative to the dollar subsequent to 1971 effectively ended Volkswagen's ability to compete primarily on the basis of price. ... To compete in the long run, Volkswagen was forced to revise its product line and sell relatively high-priced cars from an extended product line to middle-income consumers on the basis of quality and styling rather than on cost alone." SHAPIRO (1982), S. 201.

ist, um so mehr wird sich die Abwertung in steigenden Inlandspreisen niederschlagen.[1)]

Einen Extremfall repräsentieren homogene Produkte wie Rohstoffe, welche in eindeutig dominierenden Währungen (US-Dollar) gehandelt werden. Entsprechend schlagen sich Schwankungen der realen Wechselkurse vor allem auf die nationalen Preise und nur wenig auf die Dollar-Notierung durch. Die Grundstoffproduktion sowie Rohstoffanbieter aus anderen Währungsräumen sind damit einem bedeutend höheren Wechselkursrisiko ausgesetzt als Verarbeiter bzw. Produzenten, deren Wertschöpfungsstruktur auf den Dollar ausgerichtet ist.[2)]

Während eine Verlagerung von Produktionsstandorten als Reaktion auf kurzfristig schwankende reale Wechselkurse wegen der Umstellungskosten wirtschaftlich nicht sinnvoll ist, bleibt sie die einzige Möglichkeit, um bei einer längerfristigen realen Aufwertung den Verlusten im Exportgeschäft zu begegnen.

Daraus resultiert die Erkenntnis, daß entgegen verbreiteter Ansicht multinationale Unternehmen wegen ihrer Fähigkeit, weltweit die Produktion entsprechend den relativen Preisen zu allozieren, einem geringeren Wechselkursrisiko ausgesetzt sein können als hauptsächlich in einem Land produzierende Unternehmen. Derartige Produktionsverschiebungen setzen natürlich voraus, daß ein multinationales Unternehmen schon ein entsprechendes Netz an Produktionsstätten geschaffen hat. Auch wenn die Ausschöpfung von Skalenerträgen die Errichtung nur weniger Produktionsstätten verlangen würde, kann eine Diversifizierung bei Existenz von Ungewißheit signifikante Vorteile bedeuten. Währungsrisiken können deshalb einen weiteren Grund für die weltweite Verteilung von Produktionsanlagen multinationaler Unternehmen liefern.

---

1) Vgl. McCULLOCH (1983), S. 13 f.

2) Vgl. HAUSER (1982), S. 313 f.

1.3.2.2 Prognostizierbarkeit von Wechselkursänderungen

"Exchange uncertainty reflects the extent to which exchange rate changes, in terms of their timing and size, are unpredictable on the basis of past experience and existing economic models."[1)]

Betrachtet man die Entwicklung der wichtigsten Anlage- und Transaktionswährungen seit 1973, so läßt sich feststellen, daß diese kurzfristig nur teilweise durch sogenannte fundamentale Einflußfaktoren wie die Entwicklung internationaler Zinsdifferenzen, relativer Inflationsraten etc. erklärt werden kann. Die hohe Variabilität auch täglicher Wechselkursänderungen[2)] läßt sich nicht direkt auf Veränderungen solcher fundamentaler Determinanten zurückführen, welche kurzfristig eine relativ geringe Varianz aufweisen. Den entscheidenden kurzfristigen Bestimmungsfaktor stellen hier die Erwartungen über den zukünftigen Wechselkurs dar. Unterstellt man nach der Theorie effizienter Märkte[3)] eine rationale Erwartungsbildung der Marktteilnehmer, so daß alle verfügbaren Informationen sofort und vollständig im aktuellen Wechselkurs verarbeitet werden, dann führt jede nicht vorhersehbare Datenänderung ("news") zu unerwarteten Wechselkursschwankungen. Je instabiler die Erwartungen sind, desto höher muß dann auch die Instabilität der Wechselkurse sein. Tatsächlich läßt sich mit den heute angewendeten Strukturmodellen die (kurz- und langfristige) Wechselkursentwicklung nicht besser prognostizieren als mit einem solchen Random-walk-Modell.[4)] So weisen alle Prognosemodelle große Vorhersagefehler außerhalb des betrachteten Stichprobenzeitraums auf.[5)]

---

1) AKHTAR und HILTON (1984), S. 7.

2) Die täglichen Veränderungen der Kassakurse (bezogen auf den Vortag) übersteigen in vielen Fällen 2 %. Vgl. GAAB (1983), S. 15 sowie S. 32 f.

3) Als grundlegenden Artikel siehe hierzu FAMA (1970).

4) Vgl. z.B. SHAFER und LOOPESKO (1983).

5) Vgl. WHITMAN (1984), S. 78 und S. 80.

Eine weitere Schwierigkeit, zumindest längerfristige Wechselkursbewegungen vorauszusagen, liegt in der mangelnden Eignung der Kaufkraftparitätentheorie als Richtschnur für mittelfristige Trendänderungen begründet. Die großen Veränderungen realer Wechselkurse für Zeiträume bis zu vier Jahren zeigen an, daß man nicht von einem systematischen Einpendeln auf eine Art langfristigen "Gleichgewichtswechselkurs" ausgehen kann.[1] Damit sind nicht nur wie in einem System grundsätzlich fester Wechselkurse Zeitpunkt und Ausmaß zukünftiger Wechselkursänderungen unsicher, sondern auch ihre Änderungsrichtung läßt sich nicht verläßlich einschätzen.

Selbst wenn man die Kaufkraftparität als Beziehung zwischen erwartetem Wechselkurs und erwarteten Preisen unterstellt, bleibt weiterhin ein Wechselkursrisiko aufgrund von Ungewißheit bestehen. Um diesen Punkt weiter auszuführen, sei angenommen, daß der Wechselkurs durch die relative Kaufkraftparität zwischen In- und Ausland bestimmt wird, wobei Güterarbitrage in handelbaren Gütern und konstante relative Preise zwischen handelbaren und nichthandelbaren Gütern die Gültigkeit der relativen Kaufkraftparität sicherstellen.

Die Veränderungen von in- und ausländischem Preisniveau (P bzw. P*) seien stochastisch und werden als Zufallsprozesse vom WIENER-ITÔ-Typ[2] modelliert:

---

1) Vgl. dazu den Überblick von ADLER und DUMAS (1983), S. 929 ff.

2) Innerhalb einer stochastischen Differentialgleichung $dX = mdt + \sigma dZ$ ist σdZ die mathematische Beschreibung zufälliger Einflüsse, die schnell fluktuieren, also für verschiedene Zeitpunkte praktisch nicht korreliert sind, mdt gibt den systematischen Teil der Veränderung von X an. Die Zufallsvariable X ist dabei Funktion eines stetigen Parameters, der Zeit, alle X(t) bilden einen stochastischen Prozeß. Ist dZ ein zeitlich homogener (Diffusions-)Prozeß mit voneinander unabhängigen Veränderungen, so spricht man von einem WIENER-Prozeß. Nach dem ITÔ-Theorem läßt sich dann für eine Funktion $Y = F(t,\underline{X})$, die als Argument einen Vektor von stochastischen Variablen $x_i(t)$ enthält, das stochastische Differential

$$dy = \frac{\partial F}{\partial t} + \Sigma\left(\frac{\partial F}{\partial x_i}\right) + \frac{1}{2}\,\Sigma\Sigma\left(\frac{\partial^2 F}{\partial x_i \partial x_j}\right) dx_i dx_j$$

aufstellen und die Produkte $dx_i dx_j$ nach den Multiplikationsregeln

Forts. Fußnote 2) s. nächste Seite

$$\frac{dP}{P} = m_P dt + \sigma_P dZ_P$$

bzw.

$$\frac{dP^*}{P^*} = m_{P^*} dt + \sigma_{P^*} dZ_{P^*}$$

Der erste Term gibt den Trend beziehungsweise die erwartete Änderungsrate des Preisniveaus für ein gegebenes Zeitintervall an, der zweite Term repräsentiert die stochastische Komponente mit σ^2 als momentaner Varianz und dZ als damit verbundenem "white noise".

Für die Veränderungsrate des Wechselkurses, d.h. die relative Kaufkraftparität, ergibt sich dann unter Verwendung des ITÔ-Theorems:

$$\begin{aligned}\frac{de}{e} &= \frac{1}{e}\left(\frac{1}{P^*}dP - \frac{P}{P^{*2}}dP^* - \frac{1}{P^{*2}}dPdP^* + \frac{P}{P^{*3}}dP^{*2}\right)\\ &= \frac{dP}{P} - \frac{dP^*}{P^*} - \frac{dP}{P}\frac{dP^*}{P^*} + \left(\frac{dP^*}{P^*}\right)^2\\ &= (m_P - m_{P^*} + \sigma^2_{P^*} - \rho_{PP^*}\sigma_P\sigma_{P^*})dt + \sigma_P dZ_P - \sigma_{P^*}dZ_{P^*}\end{aligned}$$

Daraus wird ersichtlich, daß die häufige Aussage, die Kaufkraftparität schließe ein "reales" Wechselkursrisiko aus, nur dann zutrifft, wenn die zukünftigen Inflationsraten in In- und Ausland mit Gewißheit bekannt sind, $\sigma_P dZ_P$ und $\sigma_{P^*}dZ_{P^*}$ also den Wert Null annehmen.

"The PPP merely affects the form the exchange risk takes; it does not eliminate the exchange risk since the exchange

---

Forts. Fußnote 2) der vorigen Seite

$$\begin{aligned} dZ_i \cdot dt &= 0\\ dt \cdot dt &= 0\\ dZ_i \cdot dZ_j &= \rho_{ij}dt\end{aligned}$$

berechnen. ρ_{ij} bezeichnet dabei den Korrelationskoeffizienten zwischen zwei WIENER-Prozessen. Zur Theorie der stochastischen Differentialgleichung vgl. KAMIEN und SCHWARTZ (1981), S. 243 ff.; KLUMP (1985).

risk exists because the exchange rates are stochastic, not necessarily because there is a deviation from PPP."[1]

Wechselkursunsicherheit resultiert also nicht ausschließlich aus dem Phänomen der Wechselkursvariabilität, die im allgemeinen als Maß für Ungewißheit verwendet wird. Selbst wenn die Variabilität, die ja nur ex post gemessen werden kann, niedrig ist, kann die ex ante Ungewißheit über Wechselkursänderungen sehr hoch sein. Die in empirischen Untersuchungen angewandte Wechselkursvariabilität wird mithin das Ausmaß an Ungewißheit über zukünftige Wechselkursbewegungen eher unterschätzen. Auf die einzelne Firma bezogen heißt das "... it is the firm's perception of risk, not the actual fact, which affects its behaviour".[2]

Die Standardabweichung als Maß für das Wechselkursrisiko kann daher nur als grobe Annäherung verwendet werden. Zu berücksichtigen ist außerdem, daß bei flexiblen Wechselkursen Ungewißheit nicht nur über das Ausmaß der Abweichung vom Mittelwert, sondern auch über die Richtung der Wechselkursänderungen besteht.

Bei risikoaversen Marktteilnehmern müßte die Wechselkursunsicherheit Anpassungsreaktionen hervorrufen, um das daraus entstehende Währungsrisiko zu begrenzen. Diese können sich direkt in einer Verminderung von Auslandstransaktionen[3] und/oder indirekt in einer Strukturverschiebung der Handels- und Investitionsströme äußern.

Die Wirkung von Wechselkursunsicherheit auf Volumen und Preise des Außenhandels wird nun im nächsten Abschnitt näher diskutiert.

---

1) CHOI (1984), S. 296.

2) ITAGAKI (1981), S. 277.

3) Vgl. z.B. ALIBER (1977), S. 187.

2. Der Einfluß von Wechselkursschwankungen auf den internationalen Handel

2.1 Ungewißheit und internationaler Handel

Im folgenden Modell[1] wird das Optimierungsverhalten einer importierenden Firma analysiert, die bei Fakturierung in der Währung des Exporteurs einem Währungsrisiko aufgrund von Ungewißheit über den zukünftigen Wechselkurs unterliegt. In der ersten Periode entscheide die Firma über die Höhe des Importvolumens Q und den Umfang einer Kurssicherung am Terminmarkt, in der zweiten Periode erhalte und bezahle sie die bestellten Importgüter.[2] Die Importe sollen als Inputfaktoren in die heimische Produktion eingehen, wobei ein konstanter Input-Output-Koeffizient von Eins unterstellt wird. Die im Inland anfallenden Weiterverarbeitungskosten C(Q) seien mit Gewißheit bekannt und nicht von Wechselkursschwankungen abhängig.

Bei Kurssicherung des Anteils α am Terminmarkt betragen die Importkosten in Inlandswährung $QP^*[\alpha F+(1-\alpha)R]$. Dabei bezeichnet P^* den bei Vertragsabschluß feststehenden Importpreis in Auslandswährung, F den für den Zahlungstermin gültigen gegenwärtigen Terminkurs und R den zukünftigen Kassakurs zum Zeitpunkt der Zahlung, welcher eine Zufallsvariable sein soll. Die Transaktionskosten einer Terminsicherung seien vernachlässigbar klein; außerdem wird unterstellt, daß die Beschaffung von Termindevisen hinsichtlich Betrag und Fristigkeit jederzeit möglich ist.

Wenn P den Preis in Inlandswährung darstellt, den die Firma für ihr Endprodukt erzielt, so beträgt ihr Gewinn

$$(1) \qquad \pi(Q,\alpha) = PQ - C(Q) - QP^*[\alpha F+(1-\alpha)R]$$

---

1) Vgl. einen ähnlichen Ansatz bei ETHIER (1973).

2) Nach SCHARRER, GEHRMANN und WETTER beträgt der durchschnittliche Zeitraum zwischen Vertragsabschluß und Zahlung für deutsche Unternehmen im Import (Export) bei 24 % (19 %) 0 - 3 Monate, bei 37 % (35 %) 3 - 6 Monate und bei 15 % (20 %) 6 - 12 Monate. Vgl. SCHARRER u.a. (1978), S. 130 f. und 136 f.

Vereinfachend wird also angenommen, daß die Firma keine Marktmacht besitzt und damit keinen Einfluß auf ihren Absatzpreis ausüben kann.

Einem Währungsrisiko unterliegt die Firma nun sowohl in bezug auf die tatsächlich anfallenden Importkosten in Inlandswährung als auch bezüglich der Höhe des Produktpreises P. Die tatsächliche Abhängigkeit zwischen P und dem Wechselkurs wird dabei von vielen Faktoren bestimmt, z.B. der Marktstruktur, der Preiselastizität der Nachfrage, dem Verhalten der Konkurrenten etc. Da aber in einem Wettbewerbsmarkt Preis, Grenzkosten und totale Durchschnittskosten langfristig annähernd übereinstimmen, wird sich P über die Zeit Veränderungen des Wechselkurses anpassen. Hier soll folgende Abhängigkeit unterstellt werden:

(2) $$P = P_0 + \rho(R-\bar{R})P^*$$ [1)]

wobei P_0 eine Konstante und $\bar{R}$ den Erwartungswert von R darstellt.

In einem ersten Schritt wird ρ als Konstante betrachtet mit der Eigenschaft $0 \leqq \rho \leqq 1$. Damit wird unterstellt, daß die importierende Firma zwar nicht den zukünftigen Wechselkurs mit Gewißheit kennt, aber ihren Gewinn für jeden Wert dieses Wechselkurses genau vorhersagen kann.

2.1.1 Firmenverhalten bei ausschließlicher Ungewißheit über den Wechselkurs

Die Importfirma maximiere über die Wahl des Importvolumens bzw. des Produktionsniveaus Q und des Kurssicherungsanteils α ihren Nutzen als zunehmende Funktion des erwarteten Gewinns π, $E\pi$, und abnehmende Funktion der Varianz, $V(\pi)$, dieses Gewinns:

---

1) Vgl. ETHIER (1973), S. 495.

$$(3) \qquad \max_{Q,\alpha} U = E\pi - \gamma(V(\pi))^{1/2}$$

Der positive Parameter γ reflektiert dabei den Grad der Risikoaversion.

Der Erwartungswert des Gewinns ist dabei:

$$(4) \quad E\pi = P_0 Q - C(Q) - P^*Q[\alpha F+(1-\alpha)\bar{R}]$$
$$= P_0 Q - C(Q) - [(1-\rho)F+\rho\bar{R}]P^*Q + (1-\alpha-\rho)(F-\bar{R})P^*Q$$

seine Varianz beträgt:

$$(5) \quad V(\pi) = [(1-\alpha-\rho)P^*Q]^2\sigma_R^2 \quad \text{mit } \sigma_R^2 \text{ als Varianz von } R$$

Die Anpassung des im Inland erzielbaren Preises für das Endprodukt an in der Kontraktperiode unvorsehbare Wechselkursbewegungen reduziert also das Währungsrisiko, gemessen an der Varianz des erwarteten Gewinns.

Aus (5) wird unmittelbar ersichtlich, daß die Firma jegliches Währungsrisiko ausschließen kann, wenn sie $\alpha = 1-\rho$ setzt. Der Einfluß von Wechselkursschwankungen auf die Importkosten in Inlandswährung wird dann vollständig durch einen jeweils entgegengesetzten Effekt auf die im Inland anfallenden Verkaufserlöse kompensiert. Wählt die Firma $\alpha = 1-\rho$, so maximiert sie ihren Nutzen, wenn $\frac{\partial E\pi}{\partial Q} = 0$.

Es gilt

$$(6) \qquad \frac{\partial E\pi}{\partial Q} = P_0 - C' - [(1-\rho)F+\rho\bar{R}]P^* = 0 ,$$

wobei C' die Grenzkosten bezeichnen bzw.

$$P_0 = C' + [(1-\rho)F+\rho\bar{R}]P^*$$

Soweit der genaue Zusammenhang zwischen zukünftigem Wechselkurs und Erlösen bekannt ist, hat die Ungewißheit über den zukünftigen Wechselkurs keinen Einfluß auf das Importvolumen.[1] In diesem Fall ist die optimale Importmenge also unabhängig von der Risikoaversion der importierenden Firma. Die Risikoeinstellung bestimmt hier allein den Umfang an Kurssicherung. So wird für $F > \bar{R}$ ($F < \bar{R}$) sowohl der Erwartungswert des Gewinns als auch das Risiko erhöht, wenn die Firma statt $\alpha = (1-\rho)$ $\alpha > (1-\rho)$ ($(1-\rho) > \alpha$) wählt.

Da es aber unrealistisch ist zu unterstellen, daß die Firma die genaue Abhängigkeit zwischen ihrem Inlandspreis und Schwankungen des zukünftigen Wechselkurses kennt, wird im folgenden der Anpassungskoeffizient ρ ebenfalls als Zufallsvariable behandelt.

2.1.2 Firmenverhalten bei Ungewißheit über die Wettbewerbsposition

Nimmt man an, daß ρ ebenfalls eine unabhängig von R verteilte Zufallsvariable ist, so ergibt sich für den Erwartungswert des Gewinns

$$(7)\quad E\pi = P_0 Q - C(Q) - [(1-\bar{\rho})F+\bar{\rho}\bar{R}]P^*Q + (1-\alpha-\bar{\rho})(F-\bar{R})P^*Q,$$

wobei $\bar{\rho}$ den Erwartungswert von ρ bezeichnet, bzw. für seine Varianz

$$(8)\qquad V(\pi) = P^{*2}Q^2[(1-\alpha-\bar{\rho})^2+\sigma_\rho^2]\,\sigma_R^2$$

---

1) Eine Erhöhung von ρ, also gestiegene Ungewißheit über das zukünftige Verhalten von R, beeinflußt also in diesem Modell im Gegensatz zum Ansatz von HOOPER und KOHLHAGEN nicht den internationalen Handel. Vgl. HOOPER und KOHLHAGEN (1978).

Aus (8) folgt, daß das Währungsrisiko für jedes Importniveau minimiert werden kann, wenn $\alpha = 1-\bar{\rho}$. Die risikoaverse Firma kann aber darüber hinaus ihr Risiko über eine Verminderung des Importvolumens reduzieren.

Die optimale Importmenge erhält man aus der Differentiation der Nutzenfunktion nach Q:

$$(9)\quad \frac{\partial U}{\partial Q} = P_0 - C' - [(1-\bar{\rho})F+\bar{\rho}\bar{R}]P^* + (1-\alpha-\bar{\rho})(F-\bar{R})P^*$$
$$- \gamma P^*[(1-\alpha-\bar{\rho})^2+\sigma_\rho^2]^{1/2}\sigma_R = 0$$

Auch wenn die Firma $\alpha = 1-\bar{\rho}$ setzt, wird ihre Importnachfrage geringer sein als im Fall vollständiger Gewißheit oder Ungewißheit nur über das Wechselkursverhalten, denn aus Gleichung (9) ergibt sich

$$(10)\qquad P_0 = C' + [(1-\bar{\rho})F+\bar{\rho}\bar{R}]P^* + \gamma P^*\sigma_\rho\sigma_R$$

Bei Vorliegen von Risikoaversion ($\gamma > 0$) bildet $\gamma P^*\sigma_\rho\sigma_R$ einen positiven Risikozuschlag, der zu einer Linksverschiebung der Importnachfragefunktion führt.

Da ein analoges Ergebnis auch für das Exportangebot hergeleitet werden kann, kann man die Schlußfolgerung treffen, daß dauernde unvorhersehbare Wechselkursschwankungen relativ zu den Kaufkraftparitäten das Volumen des internationalen Handels tendenziell reduzieren, ausgelöst durch die Anstrengungen der Firmen, ihre Wechselkursrisiken zu minimieren.[1)]

In der vorhergehenden Analyse wurde eine Fakturierung in der Währung des Exporteurs unterstellt, ohne die Fakturierung selbst als Entscheidungsvariable zu betrachten. Der in der Literatur untersuchte Zusammenhang zwischen Fakturierungsverhalten und Risikominderungsstrategie[2)] ändert aber

---

1) Vgl. auch NIEHANS (1977), S. 13.

2) Vgl. z.B. BILSON (1983), STEHLE (1981) und BARON (1976).

nichts Wesentliches an der Analyse der Wirkung von "reiner" Wechselkursunsicherheit auf das Firmenverhalten.

Ein Beispiel soll dies erläutern. In den meisten Fällen wird die Fakturierungswährung die Heimatwährung einer der beteiligten Parteien sein, so daß laut traditionellen Ansätzen nur die andere Partei ein Transaktionsrisiko trägt. Fixiert ist aber bei Fakturierung in Inlandswährung nur der Nominalbetrag, nicht die Größe, welche eine rational handelnde Firma ebenso wie ein rationaler individueller Investor zu maximieren sucht, nämlich die reale Kaufkraft.

Möge ein amerikanisches Unternehmen deutsche Güter importieren, wobei zwischen Vertragsabschluß und Zahlungstermin eine Zeitspanne von einigen Monaten liegen soll. Wenn der Kontrakt in D-Mark fakturiert ist, besteht für den Importeur Unsicherheit darüber, zu welchem Wechselkurs er zum Zeitpunkt der Zahlung die eigene Währung in die des Exporteurs konvertieren kann. Sollte der Dollar gegenüber der D-Mark an Wert verlieren, erhöhen sich zwar die Importkosten; soweit aber die Wechselkursänderung eine Erhöhung der amerikanischen Inflationsrate nachvollzieht, kann auch der erzielbare Absatzpreis auf dem amerikanischen Markt steigen. Im Extremfall der Gültigkeit der Kaufkraftparität und des Auftretens aller monetären (unvorhergesehenen) Schocks allein im Inland kann der Importeur jegliches (Absatz- und Wechselkurs-)Risiko vermeiden, wenn er in der Währung des Exporteurs fakturiert. Unter solchen Umständen stellt die Fakturierung in Auslandswährung eine perfekte Indexierung gegen das Inflationsrisiko dar. Dieser Fall ist z.B. für ein kleines Land mit hohen und stark schwankenden Inflationsraten relevant, welches einen erheblichen Anteil des inländischen Güterangebotes importiert.

Auf der anderen Seite besteht für den deutschen Exporteur auch bei Fakturierung in eigener Währung ein Wechselkursrisiko. Bei einem Kursverfall der D-Mark zwischen Vertragsabschluß und Auszahlung sinkt seine in Dollar berechnete

Kaufkraft. Verwendet er in Dollar fakturierte Importgüter (z.B. Rohstoffe), so vermindert sich real sein Vermögen. Profitieren inländische Konkurrenten im Gegensatz zu ihm von der Wechselkursänderung, so entsteht ihm darüber hinaus noch ein Wettbewerbsnachteil.[1)]

Geht man allerdings davon aus, daß die Korrelation zwischen Wechselkurs und Preisrisiko des Importeurs größer ist als zwischen Wechselkurs und Produktionskosten des Exporteurs zwischen Kontraktabschluß und Fälligkeitstermin, so würde die für Industrieprodukte generell beobachtete Fakturierung in der Exporteurswährung[2)] die höhere Präferenz der Importeure zur Übernahme des Wechselkursrisikos aufgrund der besseren Kompensationsmöglichkeiten ausdrücken.[3)]

"The most important element in the negotiation between the exporter and the importer is that ... the exporter will not generally be able to hedge its costs with an open position in foreign currency since the production lag is short and costs are unlikely to respond rapidly to the exchange rate.[4)]

Soweit ein Importeur aber wegen der dauernden starken Abweichungen von den Kaufkraftparitäten nicht mit einem solchen Ausgleich seiner Geschäftsrisiken rechnen kann, bleiben die aufgezeigten Wirkungen der Wechselkursunsicherheit erhalten.

Diesem Ergebnis werden nun einige empirische Untersuchungen gegenübergestellt, welche der Fragestellung nachgehen, inwieweit Wechselkursunsicherheit den internationalen Handel behindert. Als Maß für Ungewißheit wird dabei immer die Varianz der Wechselkursänderungen verwendet, und zwar bei

1) Vgl. EAKER (1981), S. 420.

2) Dieses Verhalten wird als "Grassman's law" bezeichnet. Vgl. BILSON (1983), S. 384, und GRASSMAN (1973).

3) Vgl. auch CARSE und WOOD (1979), S. 177 ff.

4) BILSON (1983), S. 388.

kurzfristiger Betrachtung die der nominalen Wechselkurse, bei längeren Zeiträumen die der realen Wechselkurse.[1]

2.2 Die Wirkung von Wechselkursvariabilität auf Volumen und Struktur des internationalen Handels - Empirische Ergebnisse

2.2.1 Beziehung zwischen Wechselkursvariabilität und Handel auf aggregierter Ebene

Ein sehr einfacher Test für die Fragestellung, ob erratische Wechselkursschwankungen einen nachteiligen Effekt auf den internationalen Handel ausüben, ist die Untersuchung der Wachstumsrate des Welthandels in den letzten Jahren. Dabei ist allerdings zu berücksichtigen, daß auch andere Faktoren, vor allem Niveau und Wachstumsrate des Welteinkommens, das Volumen der internationalen Handelsströme bestimmen.

BLACKHURST und TUMLIR (1980) bezogen diesen Faktor ein, indem sie für den Zeitraum 1955 - 1978 dem Wachstum des Weltsozialproduktes das Wachstum des Welthandels gegenüberstellten. Für die betrachtete Periode ergab sich kein systematischer Einfluß stärker schwankender Wechselkurse, die das System flexibler Wechselkurse seit 1973 charakterisieren. Führt man die Daten für die Jahre 1979 - 1982 weiter,[2] so stellt sich eine signifikante Änderung der Beziehung beider Variablen ein; das Exportwachstum nimmt tendenziell gegenüber dem Wachstum des Weltsozialprodukts ab.

---

1) Vgl. zur Diskussion über geeignete Maßgrößen der Wechselkursunsicherheit IMF (Research Department) (1984), S. 10 ff.

2) Vgl. IMF (Research Department) (1984), S. 16.

Abbildung 1: Abweichungen des weltweiten Exportwachstums vom Wachstum des Weltsozialprodukts 1955-1982 (in %)

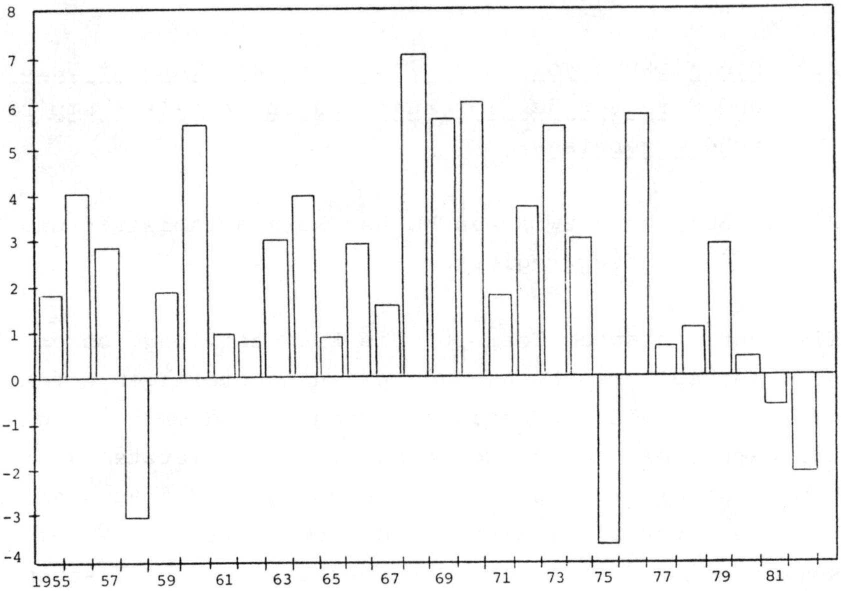

Quelle: International Monetary Fund (1984), S. 16.

Konsistent mit einer Strukturänderung der Beziehung zwischen Welthandel und -produktion aufgrund exogener Faktoren, hier größerer Wechselkursvariabilität, wäre dieser Sachverhalt aber nur, wenn man annehmen kann, daß der Handel immer schneller als das Einkommen wächst. Tatsächlich zeigen BERGSTEN und CLINE (1983), daß der internationale Handel beträchtlich schneller als die Produktion während konjunktureller Aufschwünge und weniger schnell bei stagnierender oder rückgängiger Produktion wächst. Das schlechte Abschneiden des internationalen Handels in den Jahren 1979-82 kann nach ihren Ergebnissen nicht auf einen unabhängigen negativen Einfluß der Wechselkursvariabilität zurückgeführt werden.

Ein Mangel solcher Studien besteht darin, daß sie von zu aggregierten Größen ausgehen, um den Effekt von Wechselkursunsicherheit auf einzelne Handelsströme entdecken zu können.

Da Ungewißheit unter anderem risikoaverse Transakteure veranlaßt, ein Wechselkursrisiko zu vermeiden, kann sie sich in Verschiebungen der Handelsströme hin zu Währungsräumen mit relativ stabiler Währung äußern. Außerdem ist es schwierig, einen befriedigenden Indikator der Wechselkursunsicherheit für die "Welt als Ganzes" zu finden.

Aus diesen Gründen hat eine Reihe von Autoren auf die Determinanten bilateraler Handelsströme abgestellt.

2.2.2 Zeitreihenuntersuchungen der Handelsströme einzelner Länder

Grundsätzlich wird in Zeitreihenanalysen eine Regressionsgleichung für Niveau oder Wachstumsrate von Handelsströmen spezifiziert, wobei als wichtigste erklärende Variablen neben der Wechselkursvariabilität relative Preise und Nachfragegrößen des importierenden Landes eingehen. MAKIN (1976) versuchte mit der Schätzung von Importgleichungen für den Gesamtimport der Bundesrepublik Deutschland, Großbritanniens, Japans und Kanadas eine erste Feststellung der Wirkung flexibler Wechselkurse auf den internationalen Handel. Als Variabilitätsmaß verwendete er eine gleitende, jeweils für sechs Monate kalkulierte Standardabweichung des nominalen Dollarwechselkurses. In der Untersuchung, deren Daten allerdings nur bis Ende 1973 reichen, ließ sich kein systematischer Zusammenhang zwischen Wechselkursvariabilität und Handelsvolumen feststellen.

Einige der Schwächen dieser Studie werden im Ansatz von HOOPER und KOHLHAGEN (1978) aufgegriffen, indem sie zwei weitere Jahre der Floating-Periode testen und den Handel einzelner Länder in bilaterale Handelsströme disaggregieren. Ausgehend von Gleichungen der reduzierten Form für Gleichgewichtspreis und -menge eines Marktes für Handelsgüter untersuchten sie für die Jahre 1965 - 1975 die Handelsströme der USA und Deutschlands mit vier anderen Industrieländern. Während sich die theoretisch abgeleitete Hypothese, der Einfluß von Wechselkursunsicherheit[1)] auf den Preis hänge von der Fakturierungswährung der Handelskontrakte ab, belegen ließ, war es den Autoren nicht möglich, den theoretisch eindeutig negativen Effekt auf das Handelsvolumen empirisch zu bestätigen. "We found absolutely no significant effect of exchange risk on the volume of trade (at the 0.95 level) despite considerable effort and experimentation with alternative risk proxies and alternative functional forms of the quantity equations."[2)]

Auch WARNER und KREININ (1983), die Import- und Exportnachfragefunktionen von 19 Industrieländern für die Periode 1972 - 80 mit dem Zeitraum fester Wechselkurse (1957 - 70) vergleichen, können keine eindeutige, für alle Länder gleichgerichtete Änderung der Handelsströme feststellen.

CUSHMAN (1983) modifiziert den Ansatz von HOOPER und KOHLHAGEN, indem er reale statt nominale Wechselkurse verwendet und die Untersuchungsperiode auf 1965 - 1977 erweitert. Das Maß für Wechselkursunsicherheit ist die quartalsweise Variabilität der bilateralen Wechselkurse, wobei die nominalen Wechselkurse mit dem Großhandelspreisindex deflationiert werden. Von vierzehn untersuchten bilateralen Handelsströmen besteht in sechs Fällen ein signifikant negativer Zusammenhang zwischen realer Wechselkursvariabilität und Handelsvolumen, während der Zusammenhang in zwei Fällen signifikant positiv ist. Bei den verbleibenden Fällen, wo sich bei 5 % Irrtumswahrscheinlichkeit keine signifikante Beziehung feststellen läßt, weisen allerdings nur zwei ein negatives Vorzeichen gegenüber vier mit positivem Vorzei-

---

1) Als alternative Variablen zur Erfassung der Ungewißheit über den zukünftigen Wechselkurs verwendeten die Autoren die Varianz des Kassakurses und der Terminkurses für dreizehn wöchentliche Beobachtungen eines Quartals sowie die durchschnittliche absolute Differenz zwischen dem Terminkurs des vorangegangenen Quartals und dem jeweils aktuellen Kassakurs.

2) HOOPER und KOHLHAGEN (1978), S. 505.

chen auf. Die Ergebnisse liefern mithin eine zumindest teilweise Unterstützung für die Annahme eines negativen Einflusses der Wechselkursvariabilität auf den internationalen Handel.

Eine IMF-Studie,[1] die unter Verwendung aktuellerer Daten (bis 1981) auf dem Modell von CUSHMAN aufbaut, fand dagegen keinen signifikanten Zusammenhang - von 42 Gleichungen hatte der Koeffizient in 16 ein negatives Vorzeichen, wovon nur zwei statistisch signifikant waren.

2.2.3 Ergebnisse aus Unternehmensbefragungen

Zur Erfassung des Einflusses von Wechselkursschwankungen kann alternativ zu den statistischen Methoden auf die direkte Befragung von Teilnehmern am internationalen Handel zurückgegriffen werden. Auch wenn eine solche Methode abhängig von der Art der gestellten Fragen, der Größe der Stichproben und der Vergleichbarkeit der Antworten keine generell aussagekräftigen Resultate hervorbringt, ist sie vielleicht die einzige Möglichkeit, etwas über die Reaktionen der an internationalen Transaktionen Beteiligten zu erfahren, wenn diese in den Regressionsschätzungen von anderen Faktoren überlagert werden und deshalb nicht signifikant in Erscheinung treten.

1981 machte das British North America Committee[2] eine Umfrage bei Großunternehmen aus Kanada, Großbritannien und den USA über ihre Risikopolitik im System flexibler Wechselkurse. Die Angaben der 27 antwortenden Unternehmen offenbarten, daß das Wechselkursrisiko zu einer breiten und wachsenden Verwendung systematischer Kurssicherungsstrategien führte. Die meisten Firmen berichteten, sie hätten die Häufigkeit von Preisanpassungen als Reaktion auf Wech-

---

1) Vgl. IMF (Research Department)(1984), S. 57 ff.

2) Vgl. BLIN, GREENBAUM und JACOBS (1981).

selkursschwankungen erhöht,[1] aber nur für zwei brachte dies signifikante Kosten mit sich. Wenn auch durch die Anwendung von Kurssicherungspraktiken Kosten in Form von Zahlungen an die Finanzintermediäre und Bereitstellung zusätzlicher Ressourcen für das Währungsmanagement entstehen,[2] kommen die Autoren der Studie zu dem Schluß, daß "the firms interviewed and surveyed for this report ... have indeed adapted to the reality of unpredictable exchange rates". Zu dem gleichen Ergebnis gelangten auch BURTLE und MOONEY:[3] "In summary, when information on the costs is combined with survey responses, we come to the tentative conclusion that while the cost of doing business internationally has increased, this increase has not led to any serious cutback in the international operations of U.S. companies." Daneben erscheint ihnen auch der Tatbestand bedeutsam, daß bis zum Zeitpunkt ihrer Studie (1978) kein bemerkenswerter politischer Widerstand von Unternehmensseite gegen das System flexibler Wechselkurse laut wurde.

Eine Umfrage, die direkter auf den Einfluß der Wechselkursvariabilität auf den Handel abstellt, wurde von der GROUP OF THIRTY (1980) bei Banken und international tätigen Industrieunternehmen durchgeführt.[4] Alle antwortenden Unternehmen gaben an, der Einfluß flexibler Wechselkurse auf das Niveau ihres Außenhandels wäre vernachlässigbar.

---

1) Vgl. auch KALTER (1978), S. 21 f.

2) Vgl. BURTLE und MOONEY (1978), S. 155 f. Die Autoren kommen zu dem Schluß, daß die Kurssicherungskosten (Report bzw. Deport des Terminkurses) und Transaktionskosten (Differenz zwischen Geld- und Briefkurs) sich im System flexibler Wechselkurse nicht wesentlich von denen im Bretton Woods-System unterscheiden, während die zusätzlichen firmeninternen Kosten des Währungsmanagements bis dahin zwar noch nicht exakt quantifiziert wurden, aber wahrscheinlich beträchtlich sein können.

3) Vgl. dies. (1978), hier S. 157.

4) Die wichtigste Frage lautete hier "Have floating rates rendered international trade more or less attractive? Have they, in fact influenced the level of your international trade?".

Im Rahmen einer Studie von SCHARRER, GEHRMANN und WETTER über das Währungsverhalten deutscher Firmen im Außenhandel sollte auch ein Meinungsbild der Unternehmen über die Wirkung des Floating auf ihre Geschäftstätigkeit im Ausland gewonnen werden.[1] Von 529 antwortenden Unternehmen gaben 7 % Anfang 1976, dem Zeitpunkt der Befragung, einen günstigen Einfluß an, 16,6 % verneinten einen Zusammenhang und 42,4 % stellten kaum störende Auswirkungen fest. Dieser Gruppe standen 180 Unternehmen (34 %) gegenüber, bei denen das Floating zu Marktverlusten im Export bzw. zu einer verstärkten Orientierung auf den Binnenmarkt führte. Bei der Unterteilung der Gruppen nach Wirtschaftszweigen kamen die Unternehmen, deren Produkte wenig preiselastisch sind oder die in erheblichem Umfange importieren, tendenziell zu einem günstigeren Urteil als solche, bei denen der Preis einen entscheidenden Wettbewerbsparameter im Export darstellt. Dieses gemischte Ergebnis zeigt an, daß sich in der Beurteilung des Systems flexibler Wechselkurse die konkreten Erfahrungen der Unternehmen mit der Kursentwicklung und der daraus resultierenden Veränderung ihrer Wettbewerbsposition niedergeschlagen haben.

Insgesamt läßt sich aus den angeführten Unternehmenbefragungen kein eindeutig negativer Effekt der seit 1973 erfahrenen Wechselkursschwankungen auf das Volumen des internationalen Handels feststellen. Auch wenn die Resultate mit Vorsicht zu interpretieren sind, da die Stichproben im allgemeinen klein sind und z.B. bei den beiden letztgenannten Studien nach dem Einfluß flexibler Wechselkurse anstatt von Wechselkursvariabilität gefragt wurde, können sie doch als Unterstützung für die bereits aus den ökonometrischen Untersuchungen gewonnenen Ergebnisse herangezogen werden.

Darüber hinaus liefern die Befragungen einen Hinweis, warum auch starke und unvorhersehbare Wechselkursbewegungen internationale Transaktionen anscheinend wenig behindern: Mei-

---

1) Vgl. SCHARRER u.a. (1978), S. 403 ff.

stens wurden große und diversifizierte Firmen befragt, die vielleicht besser in der Lage sind, mit solchen Bedingungen umzugehen, als kleinere Firmen.

Als mögliche Erklärung für die mangelnde systematische Beziehung zwischen Währungsschwankungen und internationalem Handel wird deshalb die zunehmende Bedeutung multinationaler Unternehmen seit Ende der 60er Jahre herangezogen, die einen immer größeren Anteil des gesamten Welthandels unternehmensintern abwickeln.

2.3 Die Bedeutung multinationaler Unternehmen im internationalen Handel

Es gibt keine eindeutige Definition dafür, wann ein Unternehmen als "multinational" bezeichnet wird. Empirische Untersuchungen verwenden als Abgrenzungskriterium gegenüber national ausgerichteten Unternehmen entweder die absolute Höhe der Auslandsproduktion oder den Anteil des Auslandsumsatzes von im Ausland produzierten Waren und Dienstleistungen am Gesamtumsatz, wobei die zugrundegelegten Untergrenzen variieren. Ein multinationales Unternehmen zeichnet sich jedenfalls dadurch aus, daß es Direktinvestitionen in mehreren Ländern vorgenommen hat bzw. vornimmt. Direktinvestitionen werden dabei als Kapitalleistungen definiert, die zur Begründung von Unternehmensvermögen im Ausland und dessen Erweiterung erfolgen.[1)] Die Bedeutung multinationaler Unternehmen im internationalen Austausch läßt sich mithin zunächst an der Höhe der im wesentlichen von diesen Unternehmen durchgeführten Direktinvestitionen ermessen.

---

1) Vgl. Deutsche Bundesbank (1983), S. 32. Sie umfassen den Anteil am Nominalkapital und an den Rücklagen eines ausländischen (bzw. inländischen) Unternehmens, der einem Inländer (bzw. einem Ausländer) zuzurechnen ist, sowie alle Kredite und Darlehen, die dieser Anteilseigner dem Unternehmen gewährt hat. In der Bundesrepublik wird als Untergrenze für eine Direktinvestition eine Mindestbeteiligung von 25 % des Nominalkapitals oder der Stimmrechte angesehen. Deutsche Bundesbank (1979), S. 26.

Die aus dem weltweiten Bestand an Direktinvestitionen resultierende Produktion wurde für 1973 auf über 1300 Mrd. DM geschätzt, was der Größenordnung der Weltexporte dieses Jahres entspricht.[1)][2)]

Zwischen 1970 und 1975 stieg die Auslandsproduktion der Länder USA, Bundesrepublik Deutschland, Großbritannien, Japan und Kanada vom ca. 1,6fachen ihrer Gesamtwarenexporte auf das ca. 2fache, wobei diese Länder 1975 immerhin über 60 % der Industrieländerexporte auf sich vereinigten.[3)] Genauere Daten liegen zumindest in den Jahren 1976 und 1980 für das Verarbeitende Gewerbe vor:

Tabelle 1: Auslandsproduktion wichtiger Industrieländer

	Anteil der Auslandsproduktion an den Ausfuhren in %		Ø Wachstumsrate der Auslandsproduktion in %	geschätzte Auslandsproduktion in DM
	1976	1980		1980
USA	267	250	5,9	674
Großbritannien	149	151	9,1	180
Bundesrepublik Deutschland	41	55	15,4	170
Japan	27	34	14,7	78

Quelle: KRÄGENAU (1982), S. 63 ff.

Das Wachstum der Auslandsproduktion von "klassischen" Investorländern (USA, Großbritannien) lag danach deutlich unter dem der "jungen" Anlegerstaaten Bundesrepublik und Japan, wobei das hohe Ausgangsniveau sicherlich eine erhebliche Rolle spielt. Bei der Bundesrepublik und Japan dominiert zwar die Belieferung der Auslandsmärkte durch Exporte, aber es läßt sich eine deutliche Zunahme des Gewichtes der Auslandsproduktion feststellen.

---

1) Vgl. JUNGNICKEL u.a. (1977), S. 23.

2) Da industrielle Direktinvestitionen überwiegend der Errichtung oder Übernahme von Produktionsstätten im Ausland dienen, wird unterstellt, daß sich die Auslandsproduktion in etwa parallel zum Bestand des im Ausland investierten Kapitals entwickelt hat.

3) Vgl. die Schätzungen von KRÄGENAU (1982), S. 63 ff.

Berücksichtigt man, daß mit steigender Auslandsproduktion ein immer größerer Anteil des Exports innerhalb der im Ausland investierenden Unternehmen abgewickelt wird, so wird deutlich, daß die internationalen Wirtschaftsbeziehungen neben dem traditionellen Außenhandel zwischen voneinander unabhängigen Unternehmen immer stärker auch durch konzerninterne Transaktionen multinationaler Unternehmen geprägt werden. Durch das gegenüber den Exporten tendenziell schnellere Wachstum der Direktinvestitionen (vgl. das Beispiel Bundesrepublik Deutschland in Abbildung 2) verändert sich darüber hinaus die Struktur des Auslandsgeschäftes zunehmend zugunsten der Produktion im Ausland, solange eine relativ feste Beziehung zwischen Direktinvestitionsbestand und Auslandsproduktion besteht.

Wie hoch der Anteil multinationaler Unternehmen mit ihrem weltweiten Netz an Produktionsstätten am internationalen Handel ist, zeigt die Gegenüberstellung bundesdeutscher Gesamteinfuhren in vier verschiedenen Branchen der Verarbeitenden Industrie mit dem Export U.S.-amerikanischer Muttergesellschaften und ihrer Tochtergesellschaften aus den wichtigsten Industrieländern in die Bundesrepublik. Bei den in Tabelle 2 aufgeführten bilateralen Handelsströmen aus dem Jahr 1977 beträgt das Exportvolumen amerikanischer "Multinationals" nur für die Länder Kanada, Japan und Italien weniger als 10 % des deutschen Branchenimports aus dem jeweiligen Land; ansonsten liegt der Anteil weit darüber, z.B. im Fall Großbritannien zwischen 20 % im Sektor Chemie und 99 % im Fahrzeugbau. Zum weltweiten Import der vier Wirtschaftszweige tragen allein U.S.-amerikanische multinationale Unternehmen durchschnittlich 25 % bei.

Höhe und Entwicklung des weltweiten Intrafirmenhandels sind nicht bekannt, da bis jetzt für diesen Bereich des internationalen Handels keine systematische Datenerfassung erfolgte.[1] Nur in den Vereinigten Staaten werden zumindest seit

1) Vgl. auch HELLEINER (1979), S. 162.

Abbildung 2: Entwicklung des deutschen Warenexports (Exp.) und des Bestandes deutscher Direktinvestitionen (DI) zwischen 1966 und 1983 (1966 = 100)

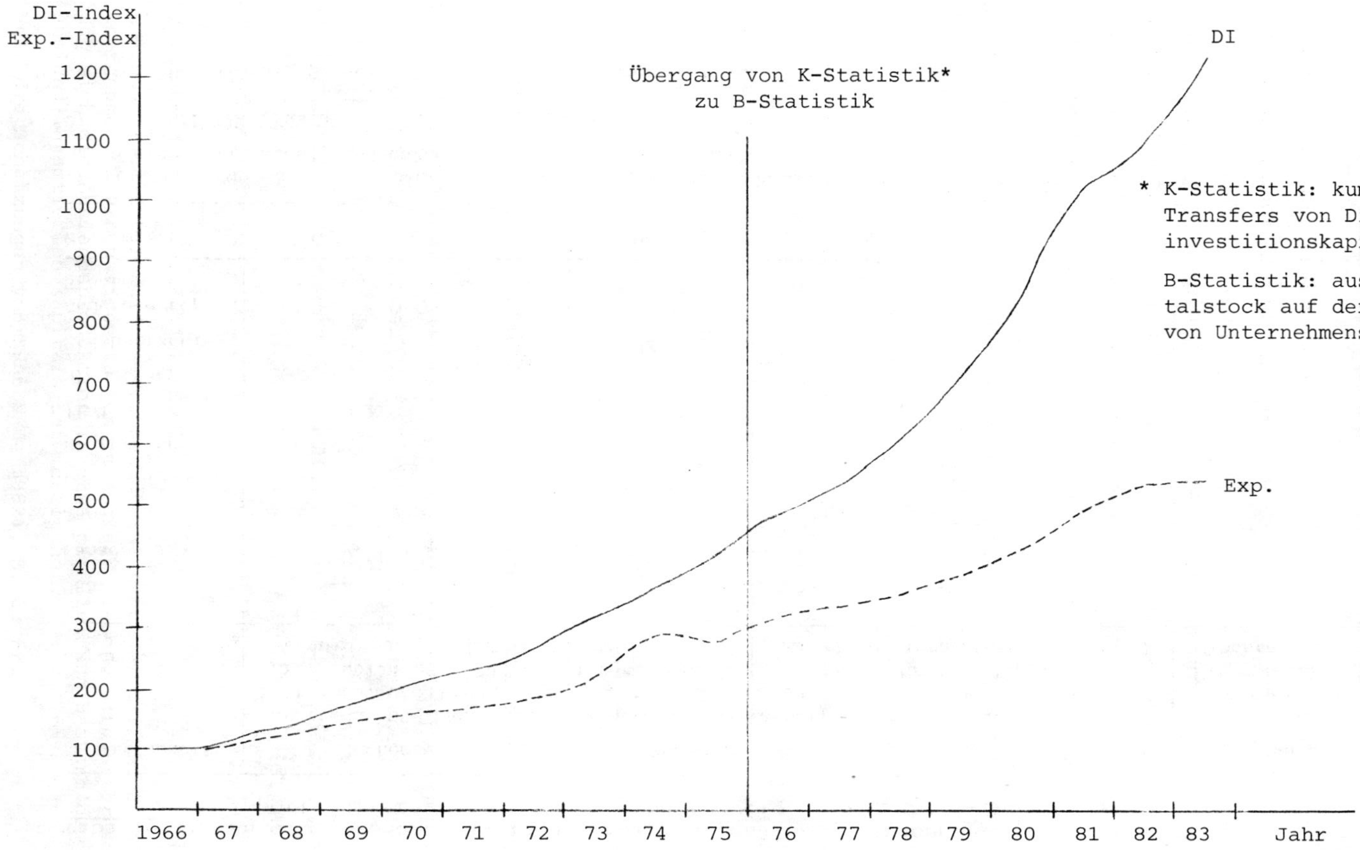

Quellen: für Exp. OECD (1985, 1983); für DI K-Statistik aus KRÄGENAU (1978/79, S. 156); B-Statistik aus DEUTSCHE BUNDESBANK (1986, 1984); eigene Berechnungen.

Tabelle 2: Anteil US-amerikanischer multinationaler Unternehmen[1)] am bundesdeutschen Import in verschiedenen Wirtschaftszweigen 1977 (Mill. US-$)

Wirtschaftszweig / Exportland	Chemie		Maschinenbau		Elektrotechnik/ Elektronik		Fahrzeugbau	
	Exporte d. US-Mutterges. und ihrer ausländ. Tochterges.	Anteil am Export des Landes (in %)	Exporte d. US-Mutterges. und ihrer ausländ. Tochterges.	Anteil am Export des Landes (in %)	Exporte d. US-Mutterges. und ihrer ausländ. Tochterges.	Anteil am Export d. Landes (in %)	Exporte d. US-Mutterges. und ihrer ausländ. Tochterges.	Anteil am Export des Landes (in %)
USA	422	58	611	55	512	73	466	90
Kanada	n.v.[2)]	-	5	26	4	32	n.v.	-
Japan	1	1	10	3	3	0,5	0	0
Europa insg.	1335	22	1240	24	353	10	1613	27
Frankreich	128	11	393	33	60	8	528	24
Italien	40	9	73	10	29	5	32	5
Niederlande	320	19	164	29	83	13	n.v.	-
Großbritannien	96	20	246	32	78	26	410	99
Andere europ. Staaten	752	34	363	19	103	9	643	29
Weltweit	1847	25	1906	28	927	17	2154	30

1) Nur Tochtergesellschaften mit einer Kapitalbeteiligung von mehr als 50 % der Muttergesellschaften ("Majority-owned foreign affiliates") und dazugehörige Muttergesellschaften erfaßt.

2) n.v.: nicht verfügbar

Quelle: LUPO (1983), S. 46; OECD (1977); eigene Berechnungen

1982 kontinuierlich Daten über konzerninterne Transaktionen zwischen amerikanischen Muttergesellschaften und ihren ausländischen Tochtergesellschaften erhoben, in allen anderen Ländern ist man auf sporadische Erhebungen auf der Grundlage von Unternehmensbefragungen angewiesen.

Zumindest für die umsatzmäßig größten Firmen der Welt liegt eine Untersuchung von DUNNING und PEARCE (1981) vor, welche unter anderem den Anteil des konzerninternen Handels am gesamten Export der Muttergesellschaften von 329 multinationalen Unternehmen im Jahr 1977 ausweist. Danach werden im Gesamtdurchschnitt knapp 33 % des Exports konzernintern abgewickelt (vgl. Tabelle 3). Betrachtet man die branchenmäßige Exportstruktur (vgl. Tabelle 3a), so fällt auf, daß bei fünf der zwölf aufgeführten Industriezweige der Anteil des Intrafirmenhandels über 50 % beträgt und nur bei zweien unter 10 %.

Tabelle 3: Anteil des konzerninternen Handels am gesamten Export der Muttergesellschaften multinationaler Unternehmen*, 1977, klassifiziert nach Stammländern

Stammland	Anteil des Intrafirmenhandels am Gesamtexport der Muttergesellschaft in %
BR Deutschland	34,6
Frankreich	32,2
Großbritannien	29,6
Europa insgesamt	29,7
Japan	17,0
Kanada	39,3
USA	45,5
Alle Länder (einschl. nicht oben aufgeführter Länder)	32,8

* umfaßt 329 Firmen aus der FORTUNE-Liste der 1000 größten Unternehmen der Welt, für welche die entsprechenden Daten verfügbar waren.

Quelle: DUNNING und PEARCE (1981) S. 132.

Tabelle 3a: Anteil des Intrafirmenhandels am gesamten Export der Muttergesellschaften multinationaler Unternehmen*, 1977, klassifiziert nach Wirtschaftszweigen

Wirtschaftszweig	Anteil Intrafirmenhandel in %
Erdölgewinnung und -verarbeitung	51,0
Chemische Industrie	35,0
Metallerzeugung und -verarbeitung	12,8
Maschinenbau	52,6
Straßenfahrzeugbau	62,4
Herstellung von Büromaschinen, Datenverarbeitungsgeräten	91,3
Elektrotechnik	36,5
Feinmechanik, Optik	58,2
Leder, Textil- und Bekleidungsgewerbe	12,8
Holzverarbeitung und Papiererzeugung	9,5
Ernährungsgewerbe	14,8
Druckerei, Vervielfältigung	5,4
Alle Sektoren (einschl. nicht oben aufgeführter Sektoren)	32,8

* umfaßt die 329 Unternehmen aus Tabelle 3

Quelle: DUNNING und PEARCE (1981), S. 132.

Tabelle 4 zeigt den Anteil des konzerninternen Außenhandels amerikanischer Muttergesellschaften mit ihren Auslandsniederlassungen am gesamten Außenhandel der USA in den Jahren 1977, 1982 und 1984. Erfaßt sind alle amerikanischen Unternehmen, die eine Kapitalbeteiligung von mindestens 10 % an einem ausländischen Unternehmen halten. Das Gewicht multinationaler Unternehmen am amerikanischen Außenhandel wird deutlich, wenn man den Handel mit konzernunabhängigen Dritten von amerikanischen Muttergesellschaften und deren Tochterunternehmen hinzurechnet. Anfang der 80er Jahre wurden ca. 77 % des amerikanischen Exports und ca. 46 % des Imports von den Mutter- bzw. Tochtergesellschaften amerikanischer

"Multinationals" durchgeführt.[1] Der tendenzielle Rückgang der konzerninternen Transaktionen am internationalen Handel deutet darauf hin, daß die Versorgung der Auslandsmärkte zunehmend durch lokale Produktion und lokalen Absatz der Auslandstöchter erfolgt.

Tabelle 4: Anteil konzerninterner Transaktionen am gesamten US -amerikanischen Handel 1977, 1982, 1984 (Mrd. US-Dollar)

	1977	1982	1984
Gesamtexport	121,3	212,3	217,9
Export amerik. Multinationals	101,8	163,4	168,7
Exporte amerik. Muttergesellsch. an ihre ausländ. Tochterges.	32,4	46,6	52,5*
Anteil konzerninterner Exporte am Gesamtexport	26,7 %	22,0 %	24,1 %
Gesamtimport	150,4	243,9	325,7
Import amerik. Multinationals	86,8	120,8	141,0
Importe amerik. Muttergesellsch. von ihren ausländ. Tochterges.	32,6	41,6	48,9*
Anteil konzerninterner Importe am Gesamtimport	21,7 %	17,1 %	15,0 %

* nur für "majority-owned foreign affiliates"

Quelle: Survey of Current Business, Vol. 61, April 1981, S. 32; BARKER (1986), S. 56, 58; BRERETON (1986), S. 28; eigene Berechnungen

Betrachtet man die Entwicklung des Internationalisierungsgrades von Produktion und Umsatz der weltweit größten Unternehmen (vgl. Tabellen 5 und 6), so wird diese Vermutung unterstützt. Zwischen 1972 und 1977 stieg der durchschnittliche Anteil der Produktion ausländischer Tochtergesellschaften am Weltumsatz der Gesamtunternehmen von 25,3 auf 30,7 %, der durchschnittliche Anteil des lokalen Umsatzes ausländischer Tochtergesellschaften am gesamten Auslandsumsatz der multinationalen Unternehmen über das schon hohe Niveau von 67,6 % hinaus auf 68,1 %.

1) Vgl. U.S. Department of Commerce, May 1986, S. 56. Nicht berücksichtigt ist dabei der Anteil multinationaler Gesellschaften, deren Stammland nicht die USA sind.

Tabelle 5: Internationalisierungsprofil der weltweit größten Unternehmen*, 1977

Stammland der Muttergesell.	Durchschnittl. Internationalisierungsgrad d. Produktion [1]	Durchschnittl. Internationalisierungsgrad d. Umsatzes[2]	Durchschnittl. Anteil des lokalen Umsatzes ausländ. Tochterges. am gesamten Auslandsumsatz[3]
BR Deutschland	18,5	49,5	37,4
Frankreich	28,6	48,8	58,5
Großbritannien	41,8	53,6	78,0
Japan	6,7	29,7	22,6
Kanada	31,8	54,1	58,8
USA	29,2	34,5	84,5
Alle Länder	29,5	41,6	71,0

* Auswertung für 523 Unternehmen aus der FORTUNE-Liste der 1000 größten Unternehmen der Welt (jährlicher Umsatz höher als 2 Mrd. US-$)

1 definiert als Umsatz der ausländ. Tochtergesellschaften (ausschließlich Importe von der Muttergesellschaft), dividiert durch den weltweiten Konzernumsatz

2 definiert als Umsatz der ausländ. Niederlassungen (ausschließlich Importe von der Muttergesellschaft) plus Exporte der Muttergesellschaft, dividiert durch den weltweiten Konzernumsatz

3 definiert als Umsatz der ausländ. Niederlassungen (ausschließlich Importe von der Muttergesellschaft), dividiert durch Umsatz der Auslandsniederlassungen plus Exporte der Muttergesellschaft

Quelle: DUNNING und PEARCE (1981), S. 119 ff.

Für die Bundesrepublik Deutschland läßt sich ansonsten nur eine Studie des HWWA-Instituts (1977) heranziehen, in der auf der Grundlage von Unternehmensbefragungen auch Daten über die Struktur des Außenhandels deutscher multinationaler Unternehmen und deutscher Tochtergesellschaften ausländischer "Multinationals" erhoben wurden.

In der Untersuchung werden diejenigen bundesdeutschen Unternehmen als "multinational" klassifiziert, deren Auslandsproduktion 1971 einen Wert von über 200 Mill. DM aufwies, darüber hinaus auch solche Unternehmen, deren Auslandsproduktion über 10 % ihres Weltumsatzes betrug. Von den ausländischen Unternehmen wurden alle deutschen Tochtergesellschaften einbezogen, welche 1972 in der Bundesrepublik einen Umsatz von mindestens 500 Mill. DM erzielten.

Tabelle 6: Entwicklung des Internationalisierungsgrades von Produktion und Absatz* zwischen 1972 und 1977

Region	Durchschnittl. Internationalisierungsgrad d. Produktion[1]		Durchschnittl. Internationalisierungsgrad d. Umsatzes[2]		Durchschnittl. Anteil des lokalen Umsatzes ausländ. Tochterges. am gesamten Auslandsumsatz[3]	
	1972	1977	1972	1977	1972	1977
BR Deutschland	17,2	21,1	47,2	54,2	36,4	39,0
Frankreich	20,8	27,5	43,6	52,2	47,6	52,6
Großbritannien	32,7	42,0	44,4	54,7	73,6	76,7
Japan	3,3	6,3	21,2	31,4	15,5	20,2
USA	22,5	28,3	28,6	35,5	78,7	79,9
Alle Länder	25,3	30,7	37,5	45,0	67,6	68,1

* umfaßt 201 Firmen aus der FORTUNE-Liste der 1000 größten Unternehmen der Welt, für welche Angaben für 1972 und 1977 verfügbar waren.

1 definiert als Umsatz der ausländ. Tochterges. (ausschl. Importe von der Mutterges.), dividiert durch den weltweiten Konzernumsatz

2 definiert als Umsatz der ausländ. Niederlassungen (ausschl. Importe von der Mutterges.) plus Exporte der Mutterges., dividiert durch den weltweiten Konzernumsatz

3 definiert als Umsatz der ausländ. Niederlassungen (ausschl. Importe von der Mutterges.), dividiert durch den Umsatz der Auslandsniederlassungen plus Exporte der Mutterges.

Quelle: DUNNING und PEARCE (1981), S. 119 ff.

Die in Tabelle 7 einbezogenen deutschen multinationalen Unternehmen (MNU) kamen 1974 für ca. 30 % der Gesamtexporte der Verarbeitenden Industrie auf; das Gewicht der insgesamt erfaßten deutschen und ausländischen Unternehmen belief sich bei einem Exportwert von 81 Mrd. DM auf rund 45 % des gesamten Industrieexports.

Die Exportentwicklung der deutschen MNU von 1966 bis 1971 zeigt einen überproportionalen Anstieg der konzerninternen Ausfuhren, während sich aus den Schätzungen für 1974 keine Anhaltspunkte für ein weiterhin überproportionales Wachstum der Lieferungen an Auslandsgesellschaften ergibt (vgl. Tabelle 7). Allerdings sind die in der Tabelle ausgewiesenen 24 Mrd. DM als Untergrenze anzusehen, da eine Reihe neu entstandener ausländischer Tochtergesellschaften hier noch nicht erfaßt sind.

Tabelle 7: Export- und Importstruktur deutscher multinationaler Unternehmen 1966 - 1971 - 1974

	1966		1971		1974	
	Mill. DM	in %	Mill. DM	in %	Mill. DM	in %
Gesamtexporte	17 960	100	33 810	100	54 400	100
davon						
- an Dritte	11 790	66	19 370	57	30 150	56
- an Auslandsbeteiligungen	6 170	34	14 440	43	24 250 [1]	44
Anzahl der einbezogenen Unternehmen	18		18		18	
Gesamtimporte	-	2)	5 540	100	9 650	100
davon						
- von Dritten	-		3 900	70	7 030	73
- von Auslandsbeteiligungen	-		1 640	30	2 620	27
Anzahl der einbezogenen Unternehmen			15		15	

1) Schätzwerte

2) für 1966 keine Daten verfügbar

Quelle: JUNGNICKEL u.a. (1977), S. 171, 177.

Branchenmäßig ergab sich für 1971, daß bei den Elektro- und Automobilfirmen mehr als die Hälfte aller Exporte (59 % bzw. 57 %) konzernintern erfolgte, bei den MNU der Chemieindustrie dagegen nur 36 %.[1]

Der Anteil konzerninterner Lieferungen zwischen deutschen Tochtergesellschaften und ausländischen Stammunternehmen liegt in allen Jahren deutlich über denen deutscher multinationaler Unternehmen (vgl. Tabelle 8). Erklären läßt sich

1) Vgl. JUNGNICKEL u.a. (1977), S. 171.

dies mit der unterschiedlichen Einordnung in das jeweilige Gesamtunternehmen: Die Auslandstöchter deutscher MNU wurden vorwiegend unter absatzpolitischen Gesichtspunkten errichtet und nur selten mit dem Ziel der Belieferung anderer Unternehmensteile. Dagegen stellen die deutschen Töchter ausländischer MNU innerhalb der jeweiligen Konzerne einen viel kleineren Teilbereich dar und sind im Rahmen der konzerninternen Arbeitsteilung stärker spezialisiert.[1)]

Tabelle 8: Export- und Importstruktur deutscher Tochtergesellschaften ausländischer multinationaler Unternehmen 1966 - 1971 - 1974

	1966 in %*	1971 Mill. DM	1971 in %	1974 Mill. DM	1974 in %
Gesamtexporte	100	8 490	100	12 440	100
davon					
- an Dritte	42	1 910	22	3 160	26
- an Konzerngesellsch.	58	6 580	78	8 980	74
Anzahl der einbezogenen Unternehmen	16	22		22	
Gesamtimporte	100	10 580	100	21 400	100
davon					
- von Dritten	17	1 780	17	2 260	11
- von Konzerngesellsch.	83	8 800	83	19 140	89
Anzahl der einbezogenen Unternehmen	15	19		19	

* Absolute Werte wurden nicht ausgewiesen, um die Vertraulichkeit individueller Firmenangaben zu erhalten.

Quelle: JUNGNICKEL u.a. (1977), S. 186, 189.

Es sei jedoch erwähnt, daß von den ausländischen Produktionsstätten zunehmend auch Drittländer beliefert werden, so daß eine umfassende Beurteilung der Handelsstruktur multinationaler Unternehmen nur unter Einbeziehung sämtlicher Anlageländer möglich ist.[2)]

---

1) Vgl. JUNGNICKEL u.a. (1977), S. 185.

2) Vgl. auch Tabellen 2 und 9.

Tabelle 9: Absatzstruktur US-amerikanischer Auslandsgesellschaften* (Mrd. US-$)

	Gesamt-umsatz	lokaler Umsatz im jeweiligen Gastland	in % vom Gesamt-umsatz	Export in die USA	in % vom Gesamt-umsatz	Export in Drittländer	in % vom Gesamt-umsatz
1977	507,0	313,3	61,8	93,6	18,5	100,1	19,8
1982	730,2	478,0	65,5	76,8	10,5	175,5	24,0
1983	705,8	457,1	64,8	76,8	10,9	172,0	24,4
1984	716,4	455,1	63,5	89,0	12,4	172,4	24,1

* nur für "majority-owned foreign affiliates"

Quelle: LUPO (1983) S. 44; WHICHARD und SHEA (1985), S. 50; U.S. Department of Commerce (1986a, b), Tables 39, 41; eigene Berechnungen

Eine vom Bundesministerium für Wirtschaft in Auftrag gegebene Studie über Außenhandelsstruktur und Auslandsinvestitionen[1] kommt im übrigen zu dem Ergebnis, daß die regionale und sektorale Verteilung der bundesdeutschen Direktinvestitionen einhergeht mit einer ähnlichen Struktur der Exporte und Importe. Insgesamt konnte die Wirkung deutscher Direktinvestitionen im Ausland generell als exportfördernd klassifiziert werden. Sie tragen damit wesentlich zu einer verstärkten internationalen Arbeitsteilung bei.[2]

Das angeführte Datenmaterial belegt, daß die Expansion multinationaler Unternehmen tiefgreifende Änderungen in der Struktur des Auslandsgeschäftes mit sich bringt. Der Einfluß von Wechselkursschwankungen auf den internationalen Handel kann daher nur unter Berücksichtigung dieses Phänomens geklärt werden. So darf der Zusammenhang zwischen Wechselkursfluktuationen und Strukturänderungen im internationalen Handel nicht unabhängig von den internationalen Direktinvestitionen gesehen werden, welche eine zum traditionellen Export alternative Möglichkeit zur Versorgung von Auslandsmärkten darstellen.

Der folgende Teil der Arbeit analysiert vor diesem Hintergrund, wann internationale Direktinvestitionen systematisch von Wechselkursschwankungen beeinflußt werden, und ob die schon bestehende Multinationalität einer Firma Schutz vor Wechselkursrisiken bietet.

---

1) Vgl. BAUMANN u.a. (1977).

2) Das gleiche Resultat erhalten auch LIPSEY und WEISS (1981) aus einer Querschnittsuntersuchung für 14 amerikanische Industriebranchen.

3. Der Einfluß realer Wechselkursänderungen auf die Richtung von Direktinvestitionen

3.1 Kapitalströme und ungleichgewichtige Währungsparitäten

Als Determinanten des Wechselkursrisikos für den Kapitalwert einer Firma wurden im vorangegangenen Teil das Vorliegen von Ungewißheit bezüglich zukünftiger Wechselkursschwankungen und die Veränderung relativer Preise genannt. Daraus resultieren zwei Ansatzpunkte für den Zusammenhang zwischen Wechselkursen und Direktinvestitionen: Zum einen die Beziehung zwischen Wechselkursvariabilität und internationaler Diversifikation von Unternehmen, zum anderen der Einfluß realer Wechselkursänderungen auf die Richtung der Direktinvestitionen. Es hängt nun vom bestehenden Wechselkurssystem ab, welcher der beiden Bestimmungsfaktoren in den Vordergrund tritt.

Die großen Ungleichgewichte international bedeutender Währungsparitäten seit Mitte der 60er Jahre im System fester Wechselkurse zeigten sich in zunehmenden Preis- und Produktivitätsdisparitäten zwischen den betroffenen Ländern. In einer solchen Situation lassen sich Strukturverschiebungen in den internationalen Handels- und Kapitalströmen auf die Trendentwicklung der realen Wechselkurse zurückführen, nicht jedoch auf ihre Variabilität. Die nachfolgende Analyse konzentriert sich daher auf die Auswirkungen längerfristiger Änderungen realer Wechselkurse.

Während der 60er Jahre erfuhr der US-Dollar eine steigende Überbewertung gegenüber anderen Währungen wie Deutsche Mark und Japanischer Yen. Nach Ansicht einiger Autoren[1)] forcierte der überbewertete Dollar amerikanische Direktinvestitio-

1) Vgl. z.B. ALIBER (1970) sowie LOGUE und WILLETT (1977), S. 145.

nen in Europa, da der Aufkauf ausländischer Firmen ebenso wie der Erwerb anderer ausländischer Aktiva in Regionen mit gegenüber dem Dollar unterbewerteten Währungen billiger wurde. MAKIN (1974) stellte in diesem Zusammenhang fest, daß die in den 60er Jahren vorherrschende Meinung von den USA als permanentem Kapitalexporteur und z.B. Deutschland als ständigem Kapitalimporteur nicht korrekt war, sondern die beobachtete Richtung der Kapitalströme auch auf ungleichgewichtige Wechselkurse zurückgeführt werden könnte, sich also bei veränderten Währungsrelationen umkehren kann. Die empirischen Untersuchungen von LOGUE und WILLETT[1)] zur Entwicklung amerikanischer Direktinvestitionen bzw. ausländischer Direktinvestitionen in den USA vor und nach dem ersten Quartal 1973, das durch die Einführung flexibler Wechselkurse und einen starken Rückgang sowohl des nominalen als auch des realen Außenwertes des Dollars gekennzeichnet war, unterstützen seine Hypothese. Zu den gleichen Ergebnis gelangt man, wenn man anhand der Zahlungsbilanzstatistik das Wachstum der deutschen Direktinvestitionen in den USA seit 1973 mit dem amerikanischer Direktinvestitionen in der Bundesrepublik vergleicht. Neben den Nettokapitalströmen ist in Tabelle 10 auch die Verflechtungsrelation aus Nettokapitalexport und -import als Maß für die Gläubiger-Schuldner-Position der Bundesrepublik aufgenommen. Erreichten die deutschen Direktinvestitionen in den USA vor 1973 nicht einmal 20 % der amerikanischen in Deutschland, so investierten deutsche Unternehmen ab 1976 in den USA eindeutig mehr als amerikanische hier. Der stetige Anstieg des Verflechtungsmaßes ging einher mit einer nahezu ständigen realen Abwertung des Dollarkurses gegenüber der DM, während sein Rückgang nach 1980 genau mit der damals einsetzenden starken Dollaraufwertung korrespondiert.

Wenn man aber eine Auslandsinvestition als Anspruch auf zukünftige Einkommensströme in Fremdwährung definiert und die zukünftigen Gewinne zum gleichen Wechselkurs umrechnet, zu

1) Vgl. LOGUE und WILLETT (1977), S. 146 ff.

Tabelle 10: Nettokapitalexport und -import in Form von Direktinvestitionen zwischen Bundesrepublik Deutschland und USA[1]) bei flexiblen Wechselkursen

Jahr	Deutscher Nettokapital-export(1) in Mill. DM	Deutscher Nettokapital-import(2) in Mill. DM	Verflechtungs-relation (1) : (2)	Durchschnittl. jährl. Veränderung des realen DM/Dollar-Kurses[3])	Nicht erklärte Streuung monatlicher Werte um den jährlichen Trend des nominalen DM/Dollar-Kurses in %
1971	318	1292	0,24	- 5,6	-
72	204	1453	0,14	-10,6	-
73	638	1433	0,45	-16,8	45
74	502	1172	0,43	0,7	77
75	706	953	0,74	- 1,6	21
76	1676	538	3,12	3,8	27
77	1454	474	3,07	- 4,9	18
78	2737	801	3,42	- 8,6	29
79	3135	403	7,78	- 1,7	41
80	3300	486	6,79	7,2	66
81	3263	1181	2,76	28,6	77
82	2953	805	3,67	8,2	41
83	3116	1268	2,46	5,1	10
84	2970	- 79[2])	(37,59)	13,3	29
85	6918	44	157,23	4,4	9

1) Diese aus der Zahlungsbilanzstatistik entnommenen Transaktionswerte können sich von den Bestandsdaten über Direktinvestitionen unterscheiden, die auf Bilanzunterlagen der betreffenden Unternehmen basieren.

2) Abnahme/Nettokapitalanlage: -

3) Nominaler DM/Dollar-Kurs, deflationiert mit den jeweiligen Konsumentenpreisindizes beider Länder

Quelle: Statistische Beihefte zu den Monatsberichten der Deutschen Bundesbank, Reihen 3 und 4, verschiedene Jahrgänge; International Financial Statistics, IMF, verschiedene Jahrgänge; eigene Berechnungen.

dem die Anlage erworben wurde, so beeinflußt das Wechselkursniveau den abdiskontierten Gegenwartswert der Auslandsinvestition in heimischer Währung zunächst nicht; eine Über- (oder Unter-)bewertung spielt insofern keine Rolle für das Anlageverhalten. Findet z.B. eine diskretionäre Abwertung der Inlandswährung statt, so erzielt der Investor hieraus zwar einen einmaligen Windfallprofit, denn der Kapitalwert der Auslandsinvestition

$$V(c) = e \int_{t=0}^{\infty} \Pi_f(t) \exp(-rt)\,dt$$

mit r = Diskontrate

$\Pi_f(t)$ = zukünftige Auslandsgewinne

erhöht sich bei einem Anstieg des Wechselkurses e um die gleiche Rate. Die Wahl des Investitionszeitpunktes wird deshalb sicherlich durch antizipierte Paritätsänderungen beeinflußt werden, da z.B. nach einer ausländischen Abwertung nur ein geringerer Betrag an Inlandswährung für ein Investitionsprojekt aufgewendet werden muß. Andererseits kann die Zunahme der U.S.-amerikanischen Direktinvestitionen in Deutschland zwischen 1971 und 73 trotz bereits deutlich erkennbarer Abwertung des US-Dollar damit erklärt werden, daß die Investoren einen weiteren Wechselkursanstieg erwarteten und bei bereits geplanten oder laufenden Investitionsprojekten durch verändertes Timing der Kapitalströme Verluste zu minimieren suchten. Dies gilt insbesondere für ein Kapitalgeberland wie die USA, welches bereits in hohem Umfang in der Bundesrepublik engagiert war. Die in Inlandswährung gemessene Rentabilität einer Auslandsinvestition ändert sich aber nach einem einmaligen Wechselkursanstieg nicht, da sich sowohl der Wert der Auslandsgewinne als auch der Wert der Investition um den gleichen Prozentsatz verändern. Ein verstärkter Erwerb ausländischer Aktien über den aus anderen Gründen beabsichtigten hinaus läßt sich somit nicht auf eine Überbewertung der Inlandswährung zurückführen. Tatsächlich verhielten sich die Nettoströme an Portfolioinvestitionen in den 60er Jahren genau umgekehrt zur oben genannten Hypothese.[1)] Ebenso

---

1) Vgl. McCULLOCH (1985), S. 135.

zeigten die ausländischen Portfolioinvestitionen in amerikanische Aktien zwischen 1967 und 1974 keine systematischen Reaktionen auf die starke Abwertung des US-Dollar.[1)]

Bis jetzt wurde allerdings noch nicht explizit berücksichtigt, daß Wechselkursänderungen die relativen Preise sowohl in einer Volkswirtschaft als auch zwischen verschiedenen Ländern beeinflussen können und damit auf die relative Rentabilität unterschiedlicher Produktionsstandorte einwirken.

Betrachtet man das partialanalytische Modell einer gewinnmaximierenden internationalen Firma und sind Direktinvestitionen nur eine Funktion der gewinnmaximalen Produktion der Auslandstochter, so lassen sich keine eindeutigen Schlußfolgerungen für die Beziehung zwischen Wechselkursniveau und Direktinvestitionen ziehen; eine Abwertung der Auslandswährung kann Direktinvestitionen im Ausland erhöhen, vermindern oder unbeeinflußt lassen, je nachdem wie sich Wechselkursänderungen auf Kosten und Erlöse der Firma niederschlagen.[2)] Eine Abwertung der lokalen Währung wird die Profitabilität einer Auslandsinvestition in jeder Industriebranche erhöhen, deren Endprodukte abhängiger vom Außenhandel sind als die eingesetzten Produktionsfaktoren. Je höher z.B. der Anteil der Exporterlöse aus einem Investitionsprojekt ist, um so größer ist die Chance der Kompensation abwertungsbedingter Kostensteigerungen.

Dagegen kann man eine eindeutige Änderung der relativen Rentabilität verschiedener Produktionsstandorte bei ungleichgewichtigen Währungsparitäten feststellen. So verbilligte der überbewertete Dollar die Produktion durch Auslandsniederlassungen im Vergleich zur Exportproduktion aus den USA oder der Inlandsproduktion für den amerikanischen Markt in importkonkurrierenden Sektoren. Hier bleibt das Wechselkurs-

---

1) Vgl. LOGUE und WILLETT (1977), S. 143 ff.

2) Siehe dazu STEVENS (1977), SACHCHAMARGA (1978) und GOLDSBROUGH (1979), S. 729 ff.

niveau als Einflußfaktor bei der Berechnung des Kapitalwertes bestehen, denn die Überbewertung einer Währung wirkt wie eine Steuer auf alle export- und importkonkurrierenden Sektoren bzw. wie eine Subvention für sämtliche Importe. Bei andauernder oder steigender Überbewertung einer Währung und daraus resultierender nachlassender Wettbewerbsfähigkeit für handelbare Güter bedeuten Direktinvestitionen für die betroffenen Industrien zunehmend den einzig profitablen Weg zur Erhaltung ihrer Märkte.

Daraus kann zunächst nicht abgeleitet werden, daß kontinuierlich schwankende Wechselkurse die Richtung von Direktinvestitionen beeinflussen. Richten sich flexible Wechselkurse zumindest langfristig an den Kaufkraftparitäten aus, dürften Wechselkursänderungen keinen Einflußfaktor für Direktinvestitionsentscheidungen darstellen. Wenn aber z.B. aufgrund der Währungspräferenzen internationaler Anleger eine Währung verstärkt als internationales Reservemedium gehalten wird, wie der Schweizer Franken in den 70er Jahren, so kann ein permanenter Aufwertungsdruck zu längerfristigen Abweichungen von der Kaufkraftparität führen.[1] Eine solche Situation läßt einen Abfluß langfristigen Kapitals in Länder mit unterbewerteter Währung, also in entgegengesetzter Richtung zu den Güterhandelsströmen, erwarten.

3.2 Direktinvestitionen in Abhängigkeit von der relativen Rentabilität ausländischer Produktionsstandorte

Das folgende partialanalytische Modell zeigt den Effekt einer Abwertung auf die Rentabilität einer Auslandsproduktion relativ zur Inlandsproduktion mit anschließendem Export.[2] Dabei wird auf die Wirkung von Wechselkursänderungen auf die

1) Um die entstehende Benachteiligung ihrer export- und importkonkurrierenden Branchen zu verhindern, führte die Schweiz damals umfassende Kapitalverkehrskontrollen ein. Vgl. KOHLHAGEN (1977), S. 44.

2) Vgl. im folgenden KOHLHAGEN (1977a) und (1977b).

Produktionshöhe abgestellt, denn Produktionsänderungen wirken gewöhnlich in gleicher Richtung auf den Kapitalstock und damit auf die Finanzierung einer Auslandstochter, also auf die Direktinvestitionen im Ausland.

Zunächst wird eine ausländische Tochtergesellschaft betrachtet, die ihre gesamte Produktion auf dem Auslandsmarkt absetzt und deren sämtliche Kosten in Auslandswährung anfallen.

Stehe der Index f für ausländische Währungseinheiten und h für Größen in inländischer Währung, so läßt sich der Gewinn der Auslandstochter darstellen als

(1) $\pi_f = p_f Q - C_f(Q)$ mit p_f = Outputpreis

Q = Produktion der Tochtergesellschaft

C_f = Kostenfunktion der Tochtergesellschaft

Für die Muttergesellschaft ist der Wert dieses Gewinns in Inlandswährung:

(2) $\pi_h = e(p_f Q - C_f(Q))$

wobei e den Preis einer ausländischen Währungseinheit, gemessen in inländischen Währungseinheiten, bezeichnet.

Auf der anderen Seite erzielt die Firma einen Gewinn π_h' durch den Export der Menge Q aus inländischer Produktion von $ep_f Q - C_h(Q)$.[1] Die Differenz der Gesamtgewinne aus Inlandsproduktion und Exportproduktion als Maß für die relative Rentabilität beider Produktionsstandorte ist dann:

(3) $$\pi_d = \pi_h - \pi_h' = C_h(Q) - eC_f(Q)$$

Daraus ergibt sich als Effekt einer Abwertung der inländischen Währung:

---

1) $C_h(Q)$ bezeichnet die Kostenfunktion der Muttergesellschaft.

$$(4) \qquad \frac{\partial \pi_d}{\partial e} = -C_f(Q) < 0$$

Hier wirkt sich eine Abwertung also eindeutig negativ auf die relative Rentabilität einer Auslandsproduktion aus, so daß bei einem genügend starken Anstieg des Wechselkurses Direktinvestitionen im Ausland zurückgehen und analog dazu im Inland zunehmen werden.

Dieses Ergebnis bleibt auch dann bestehen, wenn man davon ausgeht, daß ein Teil der Produktionskosten einer Auslandstochter in der Währung der Muttergesellschaft anfällt. In diesem Fall betragen die Gesamtkosten in lokaler Währung der Auslandsniederlassung $C_f'(Q) + C_h'(Q)/e$ und π_d modifiziert sich zu

$$(5) \qquad \pi_d = ep_fQ - eC_f'(Q) - C_h'(Q) - ep_fQ + C_h(Q)$$

Es gilt dann:

$$(6) \qquad \frac{\partial \pi_d}{\partial e} = -C_f'(Q) < 0$$

Eine Abwertung der einheimischen Währung verringert die inländischen Produktionskosten relativ zu den bei Auslandsproduktion entstehenden Kosten, solange ein Teil der ausländischen Kosten in Auslandswährung anfällt, und vermindert damit tendenziell Direktinvestitionen im Ausland sowohl in bestehende als auch in geplante Produktionsanlagen. Sollte aufgrund der Abwertung eine Produktionsausweitung notwendig sein, so muß sie danach bei der Muttergesellschaft stattfinden.

Da man aber nicht davon ausgehen kann, daß Wechselkursänderungen die in- und ausländischen Kostenstrukturen unbeeinflußt lassen, wird in einem weiteren Schritt der Effekt einer Abwertung auf in- und ausländische Kosten einbezogen. Unterstellt wird hierbei, daß ein Anstieg des Wechselkurses mit einer Erhöhung des inländischen Preisniveaus einhergeht.

Aus (5) ergibt sich

$$(7) \qquad \frac{\partial \pi_d}{\partial e} = \frac{\partial C_h(Q)}{\partial e} - C_f'(Q) - e\,\frac{\partial C_f'(Q)}{\partial e} - \frac{\partial C_h'(Q)}{\partial e}$$

Dieser Ausdruck ist negativ, wenn

$$(8) \qquad C_f' + \frac{\partial C_h'}{\partial e} > \frac{\partial C_h}{\partial e} - e\,\frac{\partial C_f'}{\partial e}$$

Die relative Rentabilität der Auslandsproduktion sinkt also, solange die Summe aus in Auslandswährung anfallenden ausländischen Produktionskosten und abwertungsbedingter Erhöhung der in inländischer Währung fakturierten ausländischen Kosten größer ist als der abwertungsbedingte Anstieg der inländischen Produktionskosten und die Verminderung der ausländischen Kosten in Auslandswährung.

Unter der Annahme, daß die inländischen Preise um den Prozentsatz α nach einer Abwertung der Inlandswährung in Höhe von β steigen und die ausländischen Preise um den gleichen Prozentsatz fallen, läßt sich der maximale Umfang der Kostenanpassung α ermitteln, damit die Rentabilität einer Auslandsproduktion gegenüber der einer Exportproduktion gerade noch abnimmt.

Nach einer Abwertung um β Prozent und daraus resultierenden Kostenänderungen in Höhe von α auf jedem Markt folgt für π_d aus (5):

$$(9) \qquad \pi_d + \frac{\partial \pi_d}{\partial e} = (1+\alpha)C_h - (1-\alpha)(1+\beta)eC_f' - (1+\alpha)C_h'$$

Für die Änderung der relativen Profitabilität erhält man in diesem Fall

$$(10) \qquad \frac{\partial \pi_d}{\partial e} = \alpha C_h + (\alpha-\beta+\alpha\beta)eC_f' - \alpha C_h' .$$

Sie ist immer dann negativ, wenn

(11) $$\frac{\alpha}{\beta} < \frac{eC'_f}{C_h - C'_h + (1+\beta)eC'_f}$$

Eine Verminderung der Rentabilität der Auslandsproduktion gegenüber einer inländischen Produktion mit anschließendem Export ist danach um so wahrscheinlicher, je weniger reagibel die Produktionskosten in bezug auf Wechselkursänderungen sind (je kleiner α) und je größer der in der Währung der Muttergesellschaft fakturierte Anteil an den ausländischen Produktionskosten ist. Wären in- und ausländische Produktionskosten annähernd gleich hoch und würden im Ausland nur vernachlässigbare Kosten in Fremdwährung anfallen, so verringert eine Abwertung definitiv die relative Rentabilität einer Auslandsproduktion, solange sich sämtliche Kosten nicht um mehr als 40 - 45 % der Wechselkursänderung anpassen. Man würde dann eine Zunahme des gewünschten inländischen Kapitalbestandes und damit einen Nettozustrom an Direktinvestitionen in das Inland erwarten. Dies impliziert, daß Direktinvestitionen aus einem abwertenden Land nur im Fall einer extrem offenen Volkswirtschaft attraktiv werden, in der sich sämtliche Kosten um mindestens 50 % der Abwertungsrate erhöhen. Auf eine einzelne Exportindustrie bezogen heißt das, daß die Entscheidung zwischen Auslands- und Inlandsproduktion vom Anteil international handelbarer Güter an ihren Inputfaktoren abhängt, deren Preise über den Weltmarkt bestimmt werden. Da im allgemeinen der Faktor Arbeit einen Großteil der Kosten bestimmt, kann man vermuten, daß eine reale Abwertung der Währung zu einer Zunahme der internationalen Direktinvestitionen in das abwertende Land führt, wenn Auslandsproduktion via Direktinvestitionen und Export Substitute sind.

Die Hypothese, daß erwartete Änderungen von Währungsparitäten internationale Direktinvestitionen systematisch in der oben abgeleiteten Richtung beeinflussen, überprüfte KOHLHAGEN (1977b) anhand des Zusammenhangs zwischen "plant and equipment expenditures" von US-Firmen in Europa und den Paritätsänderungen des US-Dollar mit europäischen Währungen für den Zeitraum 1957 - 1973. Die erwartete Wechselkursänderung wird durch eine Dummy-Variable $0 < \lambda \leqq 1$ berücksichtigt, die im Abwertungs-(Aufwertungs-)Jahr den Wert 1(-1) annimmt, mit abnehmenden Gewichten $(\lambda, \lambda^2, \lambda^3 \ldots)$ in den Jahren vor und nach der Wechselkursveränderung. Die zu testende Hypothese lautete hier, daß eine zunehmend höhere Überbewertung den Nettokapitalimport in Form von Direktinvestitionen verringert, während die nachfolgende Abwertung einen sofortigen Anstieg der ausländischen Direktinvestitionen im Inland induziert, der sich im Verlauf der Anpassung der inländischen Wirtschaft an die Paritätsänderung wieder abschwächt. "The results of these tests taken as a whole imply that ... the type of profit maximization behavior by international investors hypothesized in this paper does significantly improve our understanding of direct foreign investment. Direct investment flows are responsive to discrete parity adjustments in a direction suggested by the behavioral assumption analyzed ...".[1)]

Eine von PAUTSCH (1980) durchgeführte, die Periode 1954 - 1975 umfassende Regressionsanalyse für mehrere Industrieländer zeigt, daß der reale Wechselkurs immer dann einen signifikanten Einfluß auf die Richtung der Direktinvestitionen hatte, wenn der Wechselkurs über einen längeren Zeitraum hin einem deutlichen Trend unterlag.

Auch SACHCHAMARGA (1978) sieht in seiner ökonometrischen Untersuchung der bilateralen Direktinvestitionsströme zwischen den USA und Kanada für die Betrachtungszeiträume 1950 - 62 und 1970 - 76 die Hypothese bestätigt, daß ein Anstieg des realen Wechselkurses der heimischen in Relation zur Auslandswährung eine Erhöhung der Kapitalinvestitionen im Inland hervorruft. Seine Schätzung ist allerdings nur auf einem Signifikanzniveau von 90 % gesichert. Die geringere Signifikanz läßt sich auf die Tatsache zu-

---

1) KOHLHAGEN (1977a), S. 49 f.

rückführen, daß SACHCHAMARGA diesen Zusammenhang für einen flexiblen, also kontinuierlich schwankenden Wechselkurs testete. Der in der Untersuchungsperiode flexible Wechselkurs zwischen Kanada und den Vereinigten Staaten folgte nicht dem gleichen Muster wie die Wechselkurse zwischen amerikanischem Dollar und den meisten europäischen Währungen. Weder wertete der amerikanische gegenüber dem kanadischen Dollar nach 1971 ab, noch waren die Wechselkursschwankungen aufgrund der gleichförmigen konjunkturellen Entwicklung beider Staaten jemals so ausgeprägt wie z.B. die des $/DM-Kurses. Es überrascht deshalb auch nicht, daß die durchschnittliche jährliche Wachstumsrate der Gesamtaktiva europäischer Tochtergesellschaften amerikanischer Unternehmen im Zeitraum 1966 - 1977 von 15,1 % diejenige der kanadischen Tochtergesellschaften um mehr als 5 % überstieg, obwohl das Wachstum des realen Sozialprodukts als Indikator für das voraussichtliche Wachstum des Absatzvolumens in Kanada mindestens so hoch wie in den wichtigsten europäischen Industrieländern war.[1)]

Der Zusammenbruch des Bretton-Woods-Systems mag in einiger Hinsicht die Durchführung von Direktinvestitionen angeregt haben. So brachte die Aufhebung fester Wechselkurse einen beträchtlichen Rückgang der Kapitalverkehrskontrollen mit sich. Dies ermöglichte nicht nur einen verstärkten Kapitalfluß unter anderem in Form von Direktinvestitionen, sondern erhöhte auch aufgrund der besseren Repatriierungsbedingungen die Attraktivität von Auslandsinvestitionen.[2)]
In der nachfolgenden Zeit flexibler Wechselkurse scheint die Beziehung zwischen Wechselkursniveau und Direktinvestitionen indes weniger signifikant zu sein, denn das Hauptcharakteristikum der Wechselkurse in einem Floating-System ist ihre Volatilität (vgl. letzte Spalte von Tabelle 10). Wechselkursinduzierte Direktinvestitionen sollten dann eher als eine Möglichkeit der Risikodiversifikation verstanden werden, die über externe Märkte kaum verfügbar ist.

---

1) Vgl. HOWENSTINE (1982), S. 38 f.

2) Vgl. McCULLOCH (1985), S. 136.

Eine interessante Analyse stellt hier die Studie von CUSHMAN (1985) dar, welche den Einfluß sowohl des Niveaus realer Wechselkurse und ihrer erwarteten Veränderungen als auch des damit verbundenen Wechselkursrisikos auf die bilateralen jährlichen Direktinvestitionsströme von den Vereinigten Staaten nach Frankreich, Deutschland, Großbritannien und Kanada untersucht. Der Untersuchungszeitraum umfaßt die Jahre 1963 bis 1978, wobei für die Periode 1968 - 1973 mögliche Effekte von Kapitalverkehrskontrollen durch eine Dummy-Variable erfaßt werden. Gemäß der unterstellten regressiven Erwartungsbildung paßt sich die erwartete Wechselkursänderung adaptiv an die Höhe eines längerfristig als "normal" erachteten Wechselkurses (hier der gleitende Durchschnitt aus fünf Quartalen) an, das Wechselkursrisiko wird anhand der Abweichung der aktuellen beobachteten Wechselkursänderung vom im vorangegangenen Quartal erwarteten Wert gemessen.

Während sich das Wechselkursniveau in zwei von vier Regressionsgleichungen als nicht signifikant erweist, ist die Beziehung zwischen erwarteter Wechselkursänderung und Direktinvestitionen durchgängig hochsignifikant, und zwar im Gegensatz zu den für diskrete Paritätsanpassungen in einem Fixkurssystem abgeleiteten Resultaten von KOHLHAGEN immer negativ. Ein erwarteter realer Wechselkursanstieg reduziert demnach augenblicklich die amerikanischen Direktinvestitionen im Ausland und nicht erst nach erfolgter Wechselkursanpassung. Nach Korrektur der Regressionsgleichungen um Autokorrelation der Residuen stellt sich auch die Risikovariable als signifikant heraus. Ihr positives Vorzeichen zeigt an, daß eine Erhöhung des Wechselkursrisikos in Richtung eines Anstiegs der Direktinvestitionen im Ausland wirkt.

Betrachtet man allerdings wie CUSHMAN die Veränderung des (aggregierten) Direktinvestitionsbestandes, so läßt sich daraus nicht immer notwendigerweise auf eine Erhöhung des

Realkapitalbestandes schließen. Nach einer Erhebung der GROUP OF THIRTY (1984) rief z.B. die nichtantizipierte 25%ige Aufwertung des US-Dollar zwischen 1980 und 1982 zunächst gewaltige Finanzströme innerhalb multinationaler Konzerne, aber nicht einen gleich starken Anstieg der Ausrüstungen und Anlagen ("property, plant and equipment") im Ausland hervor.[1]

In dem bisher analysierten Zusammenhang soll noch ein Punkt Erwähnung finden, ohne aber näher diskutiert zu werden. Soweit die Wechselkursveränderlichkeit der letzten Jahre mit dem damit verbundenen "Overshooting"-Phänomen protektionistische Bestrebungen, z.B. in den Vereinigten Staaten, verstärkt hat,[2] erhöhte sich der Anreiz, Exporte durch Auslandsproduktion zu substituieren bzw. Direktinvestitionen durchzuführen. Es kann dann die paradoxe Situation entstehen, daß ein Land mit niedrigem (realen) Außenwert seiner Währung seine ausländischen Direktinvestitionen erhöht, um drohenden Handelsbeschränkungen auszuweichen.

---

1) Vgl. auch OECD (1982), S. 57.

2) Vgl. hierzu BERGSTEN und WILLIAMSON (1982).

4. Ansatzpunkte für den Zusammenhang zwischen Wechselkursunsicherheit und Direktinvestitionen

4.1 Vorbemerkungen

Die durch eine Überbewertung der heimischen Währung induzierten Direktinvestitionen kann man als "defensive" Direktinvestitionen bezeichnen, da sich hieraus keine besonderen Wettbewerbsvorteile gegenüber den im Anlageland ansässigen Firmen ergeben; beeinflußt wird hier allein die Wahl des Produktionsstandortes. Der Zusammenhang zwischen Wechselkursunsicherheit und Direktinvestitionen hat demgegenüber eine andere Dimension: Die Einbeziehung des aus Ungewißheit über zukünftige Wechselkurse resultierenden Risikos in die Investitions-, Produktions- und Finanzierungsentscheidungen einer Firma setzt voraus, daß dieses Risiko von den Anteilseignern der Firma nicht effizient über die Finanzmärkte diversifiziert werden kann.

Die meisten Autoren stellen bei der Diskussion der Motive internationaler Direktinvestitionen Unvollkommenheiten der Güter- und Faktormärkte in den Vordergrund. Kapitalmärkte werden im allgemeinen als effizienter angesehen, so daß hier die Etablierung interner Transferierungsmechanismen weniger vorteilhaft erscheint. Sind die internationalen Kapitalmärkte vollkommen integriert und handeln die (risikoaversen) Investoren rational, so bestehen keine multinationalen Firmen inhärenten Diversifizierungsvorteile, welche nicht durch direkte Portfolioinvestitionen der Investoren in den Ländern, in denen ansonsten die multinationale Firma operieren würde, auch erzielt werden könnten. Die geforderten Ertragsraten spiegeln dann nur ihren Beitrag zum Risiko eines effizient diversifizierten Weltmarktportfolios wider. Unter diesen Umständen erbringt der Besitz von Aktien multinationaler Unternehmen keinen systematischen Vorteil gegenüber dem Halten von Aktien einheimischer Firmen in verschiedenen Ländern.[1] Zu einem geringe-

---

1) Vgl. HUGHES, LOGUE und SWEENEY (1975), S. 629; und AGMON und LESSARD (1977a), S. 1050.

ren Risiko der Aktien multinationaler Unternehmen würden entsprechend niedrigere Ertragsraten korrespondieren, da in einem effizienten Kapitalmarkt die Kurse solcher Wertpapiere sofort in die Höhe getrieben und außergewöhnliche Erträge beseitigt werden.

Bestehen andererseits Marktunvollkommenheiten, so können diese durch Internalisierung innerhalb eines multinationalen Unternehmens in ihren Auswirkungen reduziert werden. Alleine Transaktionskosten, wie die Kosten der Informationsgewinnung über zukünftige Ertragsraten, können ausreichen, um "(i) impede diversification by individuals and favour diversification through intermediaries such as firms and investment trusts and (ii) reduce the optimal diversification of intermediaries so that diversification through controlling interests (such as the direct investment of a multiplant firm) is efficient relative to diversification through a large number of smaller shareholdings (such as the portfolio of an investment trust)."[1] Die Firma wird dabei in Aktivitäten diversifizieren, in denen sie ihre firmenspezifischen Vorteile ausschöpfen kann und über die sie im Vergleich zum Markt die besten Informationen besitzt. BUCKLEY und CASSON ziehen daraus den Schluß, daß sich eine solche Diversifikationsstrategie erheblich von einer in den üblichen Portfoliomodellen abgeleiteten unterscheiden kann.[2][3]

Führt man unvollkommen integrierte internationale Kapitalmärkte ein, so muß bei kapitalwertmaximierendem Verhalten der Firma die Interdependenz von Investitions- und Finan-

---

1) BUCKLEY und CASSON (1978), S. 82 f.

2) Vgl. dies. (1978), S. 83.

3) Gerade die in einem Portfoliomodell verwendeten Nachfragevariablen erwarteter Ertrag und Risiko sind aber allgemein genug, um ganz verschiedene Ursachen und Motive für eine Direktinvestition zu subsumieren. So ist es nicht notwendig anzunehmen, jede Entscheidung über eine Direktinvestition werde im Rahmen einer Portfoliooptimierung getroffen; sie muß nur konsistent mit den Vorhersagen des Portfoliomodells sein. Vgl. PRACHOWNY (1972), S. 445.

zierungsentscheidungen berücksichtigt werden; das MODIGLIANI-MILLER-Theorem der Unabhängigkeit der Investitionsplanung von der Wahl der Numèraire-Währung, der Nationalität der investierenden Firma und der Finanzierung in einem perfekt integrierten Kapitalmarkt[1)] verliert dann seine Gültigkeit.

Vom Standpunkt eines individuellen Anlegers aus ist deshalb zu fragen, ob Beschränkungen für eine effiziente internationale Diversifizierung existieren, und ob realwirtschaftliche und Finanzmarkt-Vorteile einem multinationalen Unternehmen erlauben, Wechselkursrisiken besser zu kompensieren.

4.2 Abgrenzung der Direktinvestitionen gegenüber Portfolioinvestitionen

Im Gegensatz zu Portfolioinvestitionen, welche in der Regel nur einen Minderheitsanteil an bestehenden ausländischen Unternehmen begründen, umfassen Direktinvestitionen auch die effektive Managementkontrolle einer Beteiligung durch das investierende Unternehmen.[2)] Unterschiede zwischen beiden Investitionsformen ergeben sich auch aus den verschiedenen Transaktionstypen beider Alternativen: Während Portfolioinvestitionen nur eine Kapitalübertragung durch den Kauf von Aktien, Investmentzertifikaten oder festverzinslichen Wertpapieren beinhalten, können Direktinvestitionen sowohl einen monetären als auch einen realen Transfer in Form von Technologie, Management-Know-how und dergleichen oder eine

---

1) Vgl. hierzu das Modell von MEHRA (1978).

2) Nach einer Definition der Deutschen Bundesbank, die internationalen Konventionen folgt, sind Direktinvestitionen "Kapitalanlagen, die vom Investor in der Absicht vorgenommen werden, einen unmittelbaren Einfluß auf die Geschäftstätigkeit des kapitalnehmenden Unternehmens zu gewinnen" oder "einem Unternehmen, an dem der Investor bereits maßgeblich beteiligt ist, neue Mittel zuzuführen". Vgl. Deutsche Bundesbank (1965), S. 19, und International Monetary Fund (1961), S. 118.

Reinvestition der im Ausland entstandenen Gewinne bzw. eine Kapitalaufnahme auf den Finanzmärkten der betreffenden Länder umfassen.[1]

Diese unterschiedliche Klassifikation läßt die Frage entstehen, inwieweit die beiden Arten von Kapitalströmen voneinander getrennte Phänomene darstellen, und in welchem Ausmaß die Theorie internationaler Kapitalbewegungen Relevanz für die Erklärung von Direktinvestitionen besitzt.

Bestanden bis zum Ersten Weltkrieg internationale Kapitalbewegungen im wesentlichen aus Portfolioanlageströmen zwischen einigen europäischen Ländern und dem Rest der Welt, die hauptsächlich von Realzinsdifferenzen bestimmt waren,[2] fanden nach dem Zweiten Weltkrieg im Bereich des internationalen Kapitalverkehrs zwei wichtige qualitative Änderungen statt: Zum einen eine zunehmend größere Interdependenz zwischen den Finanzmärkten der Industrieländer, zum anderen ein enormes Wachstum der internationalen Direktinvestitionen.

Während sich allein die amerikanischen Direktinvestitionen 1950 weltweit auf 11,8 Mrd. Dollar, 1960 auf 22,4 Mrd. $ und 1967 auf 59 Mrd. $ beliefen, zeigten sie ab den 70er Jahren einen Anstieg auf 101,3 Mrd. $ im Jahre 1973 und 233,4 Mrd. $ 1984.[3] In diesem Zusammenhang ist es interessant, die Nettoauslandsposition der USA zwischen 1960 und 1970 zu betrachten, da in dieser Zeit zwei Drittel des Gesamtvolumens an weltweiten Direktinvestitionen aus den Vereinigten Staaten stammten und ein Großteil der gesamten internationalen Kapitalverflechtung den USA als Quellen- oder Zielland zuzurechnen ist. Dabei fällt auf, daß die Zusammensetzung des amerikanischen Auslandsvermögens sich grundsätzlich von der Struktur der ausländischen Forderungen an die USA unterscheidet. Während 65 % des Anstiegs amerika-

1) Vgl. McCULLOCH (1979), S. 93.

2) Vgl. GRÜNÄRML (1976/77), S. 121, sowie KOBRIN und LESSARD (1976), S. 661 f.

3) Vgl. ders. (1976/77), S. 117 f. und Tabelle 11.

Tabelle 11: Kapitalverflechtung der USA mit dem Ausland in Form von privaten Portfolio- und Direktinvestitionen 1970-84 (Mrd. US-Dollar)

Jahr	Bestand amerikanischer Direktinvestitionen im Ausland (1)	Bestand amerikanischer Portfolioinvestitionen (Aktien) im Ausland (2)	(1) : (2)	Bestand ausländischer Direktinvestitionen in den USA (3)	Bestand ausländischer Portfolioinvestitionen in den USA (Aktien) (4)	(3) : (4)
1970	75,5	6,6	11,4	13,3	27,2	0,5
1971	82,8	7,6	10,9	13,9	30,8	0,5
1972	89,9	10,5	8,6	14,9	39,1	0,4
1973	101,3	10,0	10,1	20,6	33,5	0,6
1974	110,1	9,0	12,2	25,1	24,2	1,0
1975	124,1	9,6	12,9	27,7	35,6	0,8
1976	136,8	9,5	14,4	30,8	42,9	0,7
1977	146,0	10,1	14,5	34,6	39,8	0,9
1978	162,7	11,2	14,5	42,5	42,1	1,0
1979	187,9	14,8	12,7	54,5	48,3	1,1
1980	215,3	19,2	11,2	83,0	64,6	1,3
1981	228,3	17,6	13,0	108,7	64,6	1,7
1982	221,8	18,9	11,7	124,7	76,7	1,6
1983	226,9	26,5	8,6	137,1	97,2	1,4
1984	233,4	27,9	8,4	159,6	95,8	1,7

Quelle: Survey of Current Business, Vol. 64, Aug. 1984, S. 40, und Vol. 65, Aug. 1985, S. 30, 47; eigene Berechnungen

nischen Auslandsvermögens auf auswärtige Direktinvestitionen entfielen, legten private Ausländer weniger als 15 % ihrer gesamten amerikanischen Kapitalanlagen in Direktinvestitionen an. Berücksichtigt man nur die langfristigen ausländischen Aktiva, so beträgt der Anteil der Direktinvestitionen für die USA 1970 ca. 75 %, für alle in den USA investierenden Ausländer gerade 29 %. In Westeuropa erhöhte sich der amerikanische Direktinvestitionsbestand um rund 18 Mrd. Dollar, Portfolioanlagen in Aktien aber nur um rund 1 Mrd. Dollar. Dem stand ein Anstieg westeuropäischer Direktinvestitionen in den USA von 5 Mrd. Dollar und gleichzeitig eine Erhöhung der Portfolioinvestitionen um ca. 14 Mrd. Dollar gegenüber.[1] In bezug auf Westeuropa war die USA Ende der 60er Jahre also kein Nettoexporteur langfristiger Kapitalanlagen. Diese Unterschiede in der Struktur der internationalen Vermögensposition, welche auch im Zeitraum 1970 - 1984 erhalten bleiben (vgl. Tabelle 11), lassen sich somit nicht mit der Rolle der USA als "Weltbanker" begründen, der kurzfristige Anlagen entgegennimmt und die ihm zugeflossenen Mittel langfristig anlegt.

Direktinvestitionen stellen nicht einfach einen Weg dar, mittels dessen ein kapitalreiches Land Kapital in kapitalärmere Länder exportiert, sondern müssen im Zusammenhang mit der unterschiedlichen Ausprägung langfristiger Kapitalströme zwischen verschiedenen Ländern analysiert werden.

Grundsätzlich werden als Hauptdeterminanten einer Anlageentscheidung der erwartete Ertrag und das (wie immer definierte) Risiko der Investition angenommen. Während man als einen Grund für die Kapitalverflechtung zwischen entwickelten Volkswirtschaften die Risikominderung durch internationale Portfoliodiversifikation ansehen kann,[2] erklärt diese Überlegung zunächst nicht, warum der Kapitalexport der USA hauptsächlich aus Direktinvestitionen an-

---

1) Vgl. RAGAZZI (1973), S. 472 ff.

2) Vgl. z.B. LEVY und SARNAT (1970).

statt Portfolioinvestitionen besteht und allgemein langfristige Kapitalbewegungen zwischen entwickelten Finanzmärkten in großem Umfang die Form von Direktinvestitionen annehmen.

Portfolioinvestitionen zwischen einzelnen Ländern werden dann getätigt, wenn die erwartete Ertragsrate von Kapitalmarktpapieren für eine gegebene Risikoklasse in einem Land höher ist. Solche Kapitalströme führen in der Tendenz international zum Ausgleich der Ertragsraten bei gleichem Risiko. Unter vollkommenen Marktbedingungen wären Portfolioinvestitionen das effizientere Instrument, internationale Profitabilitätsdifferenzen auszugleichen, als Direktinvestitionen, da die Tochtergesellschaften von ausländischen Unternehmen aufgrund ihrer geringeren Kenntnis der lokalen Institutionen und Märkte und des erforderlichen Kommunikationsaufwandes mit der Muttergesellschaft zu höheren Kosten als die inländischen Wettbewerber operieren müßten. Dies setzt aber voraus, daß a) Unternehmen eines Landes keine besonderen Vorteile besitzen, die es ihnen erlauben, im Ausland durch Tochtergesellschaften profitabler zu agieren als lokale Firmen, b) die von einem individuellen Investor zugrundegelegten Ertragsraten und Risiken der Anteilswerte von Unternehmen international übereinstimmen und c) sowohl individuelle Investoren als auch Firmen die gleiche Risikoprämie für das Wechselkursrisiko ansetzen und gleich gut in der Lage sind, dieses abzudecken.

Die Bestimmungsgründe von Direktinvestitionen müssen deshalb in Abweichungen von den oben genannten Annahmen gesucht werden; entsprechend kann die Hauptrichtung der neueren Theorie internationaler Direktinvestitionen auch eher dem Bereich der Industrial Organization zugeordnet werden als der Theorie internationaler Kapitalbewegungen.[1)]

1) Vgl. KINDLEBERGER (1970), S. 11.

Die meisten Ansätze zur Theorie internationaler Direktinvestitionen beschäftigen sich mit dem oben genannten Punkt a). Während der "industrial organization"-Ansatz, herausragend vertreten von CAVES (1980, 1974, 1971), die Frage untersucht, welche firmeninternen "Vorteile" wie Produktdifferenzierung, Innovationsfreudigkeit, Unternehmensgröße etc. gegenüber Auslandskonkurrenten am besten die Struktur internationaler Direktinvestitionen erklären, stellt eine Erweiterung der Theorie der Firma, z.B. vertreten von BUCKLEY und CASSON (1976), auf die Art und Weise ab, wie solche Vorteile von der Firma ausgeschöpft werden. Autoren wie ALIBER (1970) und RICH (1980) betonen Unvollkommenheiten der Kapitalmärkte als Determinanten für die geographische Verteilung der Direktinvestitionen. Gemeinsam mit den älteren Theorien internationaler Kapitalbewegungen, des internationalen Handels und der Standorttheorie versucht DUNNING (1977), diese Ansätze in einer "eklektischen" Theorie zu integrieren.

Aus der Vielzahl der bestehenden Ansätze[1] werden im folgenden diejenigen kurz vorgestellt, welche sich näher mit den in dieser Arbeit aufgeworfenen Fragestellungen beschäftigen. Im Anschluß daran werden die Punkte b) und c) im Rahmen des Capital Asset Pricing Modells diskutiert.

4.3 Neuere Entwicklungslinien der Theorie internationaler Direktinvestitionen

Der erste Ansatz für eine einheitliche Theorie "internationaler Unternehmensaktivitäten" findet sich in der Produktzyklustheorie von VERNON (1966), der hiermit die Ausbreitung US-amerikanischer multinationaler Unternehmen zu erklären versuchte. Außenhandel und Direktinvestitionen werden als aufeinanderfolgende Stufen eines Produktzyklus ge-

1) Übersichten zur Theorie internationaler Direktinvestitionen finden sich in DUNNING (1979), S. 272 ff.; ders. (1977), BUCKLEY (1981), RUGMAN (1980) und HUFBAUER (1975).

sehen, welcher durch den technologischen Innovationsvorsprung von Unternehmen eines Landes in Gang gesetzt wird, wobei die Wahl des Produktionsstandortes vom Standardisierungsgrad der Produktion abhängt. Nach VERNON verläuft der Lebenszyklus eines Produktes in drei Phasen: (1) new product stage, (2) maturing product stage und (3) standardized product stage. In der Experimentierphase wird das neu entwickelte Produkt noch ausschließlich im Innovationsland abgesetzt. Zunehmende Standardisierung in der zweiten Phase ermöglicht die Expansion der Produktion bei fallenden Produktpreisen, was mit einer Erhöhung der Nachfrage einhergeht. Im Ausland wird diese zunächst durch Exporte befriedigt, mit dem Auftreten von Imitatoren in anderen technologisch fortgeschrittenen Industrieländern auch durch lokale Produktion der Unternehmen des Innovationslandes. Die dritte Phase ist erreicht, wenn der ursprüngliche Innovationsvorteil nicht mehr besteht, und das vollkommen standardisierte Produkt am rentabelsten in den Ländern mit den niedrigsten Faktorkosten, also Schwellen- und Entwicklungsländern, hergestellt wird.

Das Produktzyklusmodell weist allerdings eine wesentliche Beschränkung auf: Es stellt auf einen speziellen Typ von Direktinvestitionen im Ausland ab, nämlich die Auslandsproduktion neuer Produkte, kann aber z.B. nicht internationale vertikale Integration erklären; ebensowenig können die Vorteile einer Direktinvestition gegenüber alternativen Strategien zur Erschließung von Auslandsmärkten, wie die Lizenzvergabe an einheimische Firmen, begründet werden.[1)]

Ansonsten fand bis in die 70er Jahre die Tatsache keine Berücksichtigung, daß Außenhandel und Auslandsproduktion oft alternative Optionen zur Bedienung von Auslandsmärkten darstellen, und deshalb die Erklärung der einen notwendigerweise auch die andere einbeziehen muß.[2)] Eine Integration

1) Vgl. HENNART (1982), S. 20 f.

2) Vgl. DUNNING (1977), S. 398.

der Theorie des internationalen Handels in die Theorie internationaler Direktinvestitionen wurde erst möglich, als man Marktunvollkommenheiten als Bestimmungsgründe für Direktinvestitionen erkannte. Nach der neueren Theorie der Direktinvestitionen entwickeln sich multinationale Unternehmen als Reaktion auf Unvollkommenheiten der Güter- und Faktormärkte. Länderspezifische Vorteile, welche zu internationalem Handel zwischen voneinander unabhängigen Transakteuren führen, werden ersetzt durch firmenspezifische Vorteile von Unternehmen, die Direktinvestitionen und damit das Entstehen multinationaler Unternehmen induzieren.[1)] Solche firmeninternen Vorteile können innerhalb des internen Marktes eines multinationalen Unternehmens zwischen In- und Ausland transferiert werden.[2)]

So beruht der Erklärungsansatz von BUCKLEY und CASSON[3)], der COASE'schen Theorie folgend, auf der Grundidee der unternehmerischen Internalisierung unvollkommener Märkte, wonach Unternehmen dann eine institutionelle Alternative zum Markt darstellen, wenn Ressourcen weniger profitabel über freie Märkte für materielle und immaterielle Güter abzusetzen bzw. zu beschaffen sind.[4)] Indem das Management per vertikaler Integration und/oder horizontaler Konzentration vorher unabhängige Kunden/Lieferanten bzw. Wettbewerber seiner Kontrolle unterwirft, internalisiert es mit der Einbringung in den Unternehmensbereich Märkte, und zwar so lange, bis die zusätzlichen Kosten innerbetrieblicher Organisation den eingesparten Kosten der Nutzung des Marktmechanismus entsprechen.[5)]

---

1) Vgl. RUGMAN (1980), S. 367.

2) "Where there are externalities from individual producers' actions and the costs of negotiation and uncertainty associated with attempts on the part of independent producers to take them into account are high, there will be a tendency towards their internalisation within the firm." HELLEINER (1979), S. 170.

3) Vgl. BUCKLEY und CASSON (1978), BUCKLEY (1979) und RUGMAN (1981), S. 38 ff.

4) Vgl. COASE (1937).

5) Vgl. NEUMANN (1982), S. 253.

Unternehmensspezifische Vorteile können in einem überlegenen Produktionsprogramm liegen, in der Realisierung von Skalenvorteilen oder Umfangsvorteilen (economies of scope) durch den internationalen Verbund. Von besonderer Bedeutung scheint aufgrund der empirischen Erfahrung zum einen die Internalisierung des Austauschs von Grundstoffen und Halbfabrikaten im Rahmen einer globalen vertikalen Integration und zum anderen die Internationalisierung forschungsintensiver Industrien, verbunden mit dem Austausch intangibler Güter wie Know-how, zu sein. Damit korrespondieren die Entwicklungsstufen multinationaler Unternehmen: Ihr Wachstum war bis zum Zweiten Weltkrieg primär durch die Internalisierung des Bezugs von Rohstoffen bestimmt, seitdem durch die Produktion und Diffusion von technischem und Marketing-Know-how.[1)]

Die Theorie von BUCKLEY und CASSON gründet sich danach auf folgende Postulate:

- Firmen maximieren ihren Gewinn "in a world of imperfect markets".
- Bei unvollkommenen Märkten für Zwischenprodukte besteht ein Anreiz, diese Märkte zu internalisieren und eine zentrale Stelle die einzelnen Aktivitäten planen und kontrollieren zu lassen.
- Internalisierung der Märkte über nationale Grenzen hinweg führt zur Entstehung multinationaler Unternehmen.[2)]

---

1) Vgl. BUCKLEY (1981), S. 77, und BUCKLEY und CASSON (1978), S. 20 ff.: 49 % der weltweiten Exporte der 300 größten amerikanischen multinationalen Unternehmen sind Exporten von Zwischengütern von einem Teil des Unternehmens zu einem anderen zuzurechnen. Bei den (sechs) forschungsintensiven Branchen alleine liegt der Anteil sogar bei durchschnittlich 52 %. Ein solch hoher Anteil an Intrafirmen-Handel deutet darauf hin, daß die typische Tochtergesellschaft in forschungsintensiven Branchen Teil eines integrierten Produktionsprozesses ist.

2) Zur Kritik an der Internalisierungstheorie als allgemeinen Theorierahmen für die Erklärung internationaler Direktinvestitionen vgl. PARRY (1985) und die Entgegnung von RUGMAN (1985).

Der Anreiz zur Internalisierung, d.h. zu "intrafirm trade", innerhalb eines transnationalen Unternehmens wird dann groß sein, wenn

- sich auch für dezentrale Standorte economies of scale aufgrund der Nutzung von Forschungs-, Entwicklungs- und Managementkapazitäten als "öffentliches Gut" innerhalb eines Unternehmensverbundes ergeben,
- das Risiko von Angebotsstörungen oder Preisänderungen für Zwischenprodukte und andere Inputs hoch ist,
- unterschiedliche Besteuerung und fluktuierende Wechselkurse das Potential für die Verwendung von innerbetrieblichen Verrechnungspreisen zum Zweck einer globalen Gewinnmaximierung nach Steuern und Währungskonsolidierung erhöhen.[1)]

Unternehmensspezifische Vorteile und deren möglichst weitgehende unternehmensinterne Verwertung reichen aber für eine umfassende Erklärung internationaler Unternehmensaktivitäten nicht aus, da die Wahl des Standortes im Ausland unberücksichtigt bleibt; als Determinanten sind auch unternehmensexterne, standortspezifische Faktoren sowohl des Herkunftsals auch des Empfängerlandes mit einzubeziehen.

Daraus entwickelt DUNNING[2)] seine "Eklektische Theorie", die über eine Integration der genannten drei Faktorengruppen eine Bestimmung der Präferenzen für Export, Direktinvestitionen und "portfolio resource transfers" (z.B. Lizenz-Verträge) versucht. Internationale Unternehmensaktivitäten beruhen danach auf einer bestimmten Ressourcenausstattung von Firmen eines Landes, die Unternehmen anderer Länder nicht verfügbar ist. Diese Ausstattung kann rein länderspezifisch sein, also allen einheimischen Firmen zur Verfügung stehen (z.B. Rohstoffe, billige Arbeitskräfte), oder aber unternehmensspezifisch, d.h. intern für die einzelne Firma, aber

---

1) Vgl. HELLEINER (1979), S. 171, und DUNNING (1979), S. 288.

2) Vgl. DUNNING (1980), (1979), (1977).

zwischen In- und Ausland transferierbar (z.B. technologische und Management-skills). Für internationalen Handel des Ricardo- oder Heckscher-Ohlin-Typs genügt der standortspezifische Vorteil des exportierenden gegenüber dem importierenden Land, ohne daß die exportierenden Unternehmen firmenspezifische Vorteile gegenüber den einheimischen Firmen des Importlandes besitzen müssen. Der Handel zwischen industrialisierten Ländern basiert demgegenüber mehr auf der Ausschöpfung firmenspezifischer Vorteile, wobei allerdings ihre Kombination mit der Faktorausstattung des Exportlandes vorteilhafter sein muß als mit der anderer Länder. Nur wenn die Standortvorteile des importierenden (oder eines dritten) Landes überwiegen, wird der Handel durch Auslandsproduktion ersetzt.

Auslandsproduktion impliziert also, daß standortspezifische Vorteile das Ausland begünstigen, aber firmenspezifische Vorteile gegenüber den Auslandskonkurrenten inländische Firmen des kapitalexportierenden Landes begünstigen, wobei die letzteren die Nachteile aus räumlicher Entfernung, unterschiedlichen institutionellen und kulturellen Rahmenbedingungen kompensieren müssen.[1)] Zu berücksichtigen ist hierbei, daß aus der Immobilität von Faktoren resultierende länderspezifische Vorteile bei Auftreten von Direktinvestitionen firmenspezifisch werden können. Unter diesen Umständen können Handelsströme nicht mehr adäquat durch die traditionelle, auf unterschiedlicher Faktorausstattung basierende Theorie des internationalen Handels erklärt werden.[2)]

Eine interessante Synthese liefert hier ein auf dem Heckscher-Ohlin-Gleichgewichtsmodell basierender Ansatz von HELPMAN (1984), der neben dem Faktor Arbeit als weiteren Produktionsfaktor ein firmenspezifisches Asset (z.B. Serviceleistungen) unterstellt, das nicht an einen Produktionsstandort gebunden und damit international mobil ist.

---

1) Vgl. dazu den Ansatz von HIRSCH (1976).

2) Vgl. DUNNING und BUCKLEY (1977), S. 398.

Das Auftreten multinationaler Unternehmen wird dann für den Fall unterschiedlicher Faktorpreise in beiden Ländern abgeleitet. Multinationale Unternehmen zeichnen sich in diesem Modell durch die Fähigkeit aus, ihre Aktivitäten geographisch dezentralisieren zu können bzw. Unterschiede in den Faktorpreisen durch eine Verlagerung der Produktion zu den billigsten Standorten hin auszuschöpfen.

Im Vergleich zur Theorie von BUCKLEY und CASSON bietet der Ansatz von DUNNING die Möglichkeit, die Internationalisierung von Unternehmen nicht "quasi nebenbei" im Gefolge der Internalisierung darzustellen, sondern sie als den Erwerb zusätzlicher, speziell aus der Multinationalität fließender Vorteile anzusehen. "Because such an enterprise operates in different economic environments, it is better placed to take advantage of different factor endowments and market situations."[1)]

In diesen allgemeinen Theorierahmen gestellt kann der Ansatz von ALIBER[2)], der Direktinvestitionen als eine Funktion unterschiedlicher Währungsräume und des damit verbundenen Wechselkursrisikos ansieht, als Beispiel für einen firmenspezifischen Vorteil multinationaler Unternehmen in Verbindung mit dem standortspezifischen Vorteil der Zugehörigkeit zu einer bestimmten Währungsregion angesehen werden. Nach ALIBERs Auffassung verläuft die Richtung der Direktinvestitionsströme im allgemeinen von "Hartwährungsländern" in "Weichwährungsländer". Er begründet dies mit der Risikoeinstellung der Kapitalgeber, die sich bei Firmen mit Sitz in Hartwährungsländern aufgrund des unterstellten geringeren Wechselkursrisikos mit einer relativ niedrigeren Verzinsung zufriedengeben. Dies ermöglicht solchen Unternehmen, im Gastland im Vergleich zu Firmen des Anlagelandes Kapital zu niedrigeren Zinssätzen aufzunehmen und vom Markt höher bewertet zu werden, da sämtliche Erträge mit dem für das

---

1) DUNNING (1977), S. 401.

2) Vgl. ALIBER (1970), S. 17-34.

Herkunftsland relevanten Zinssatz kapitalisiert werden. Allerdings unterstellt ALIBER einen systematischen Fehler auf seiten der Kapitalgeber bezüglich der geforderten Risikoprämie: Sämtliche Aktiva eines multinationalen Unternehmens werden so bewertet, als ob sie aus dem gleichen Währungsraum wie die Muttergesellschaft stammen würden. Die Kritik an diesem Ansatz richtet sich deshalb neben seiner mangelnden Eignung, die branchenmäßige Verteilung und das Phänomen gegenseitiger Kapitalverflechtung zwischen Währungsregionen zu erklären, auch gegen die Annahme langfristig nicht effizienter Kapitalmärkte.[1)]

Gleichwohl kann die Theorie ALIBERs einen Erklärungsbeitrag für die hohen Direktinvestitionen amerikanischer multinationaler Unternehmen zur Zeit eines starken amerikanischen Dollars in Europa bzw. das rapide Wachstum europäischer und japanischer multinationaler Unternehmen Mitte der 70er Jahre liefern, nachdem sich die Risikoprämien zuungunsten des Dollars verändert hatten.[2)] Sie vermag aber nicht den trotz Verringerung des Außenwertes des Dollars fortdauernden amerikanischen Nettokapitalexport zu begründen, ebensowenig das hohe Wachstum der englischen Nettokapitalexporte in Form von Direktinvestitionen zu einer Zeit sinkender Pfundkurse.[3)]

Ein ähnliches Argument wie ALIBER verwendet RICH (1980) für die Erklärung der starken Zunahme der schweizerischen Direktinvestitionen in den 70er Jahren. Länder mit Reservewährungsfunktion wie die Schweiz betreiben sowohl internationale Kreditvermittlung als auch Fristentransformation. Einer kurzfristigen Verschuldung gegenüber Ausländern, die einen großen Teil ihrer Währungsreserven als kurzfristige Einlagen halten, stehen langfristige Anlagen, unter anderem auch in Form von Direktinvestitionen, gegenüber. Da

1) Vgl. BUCKLEY (1981), S. 74.

2) Vgl. zum Aufkauf europäischer Firmen durch amerikanische Unternehmen McCULLOCH (1979), S. 93.

3) Vgl. RAGAZZI (1973), S. 493.

Reservezentren sich auch dadurch auszeichnen, daß ihre Währung als vergleichsweise stabil angesehen wird, können sie diese langfristigen Aktiva zu relativ günstigen Bedingungen finanzieren und bilden deshalb bevorzugte Standorte für die Hauptsitze multinationaler Unternehmen.

Für die Entstehung und das Expansionsmuster multinationaler Unternehmen wurden bisher eher Unvollkommenheiten der Güter- und Faktormärkte angeführt als Diversifikationsmotive. Der Diversifikationsaspekt könnte aber die Dominanz der Direktinvestitionen im amerikanischen Kapitalexport im Vergleich zu dem überwiegend als Portfolioinvestitionen durchgeführten ausländischen Kapitalimport begründen:[1)] Amerikanische Investoren bevorzugten wegen relativ ineffizienter Kapitalmärkte im Ausland eine internationale Diversifikation ihres Vermögens über den Kauf der Aktien von in den USA ansässigen multinationalen Unternehmen, während ausländische Anleger aufgrund eines effizienten amerikanischen Kapitalmarktes eher über den Kauf der Aktien amerikanischer Firmen diversifizierten.[2)]

Die Risikodiversifikation unter dem Gesichtspunkt unvollkommener Kapitalmärkte als Motiv für Direktinvestitionen wird nun im folgenden näher betrachtet.

---

1) Vgl. S. 90 ff. dieser Arbeit.

2) Vgl. AGMON und LESSARD (1977a), S. 1050 f.

5. Risiko, Direktinvestitionen und internationale Diversifizierung

Typischerweise ist ein multinationales Unternehmen in zwei Richtungen diversifiziert - zum einen realwirtschaftlich über die internationale Verteilung seiner Produkt- und Faktormärkte, zum anderen finanziell, da seine Erträge in einer Vielzahl von Währungen anfallen. Wenn Auslandsaktivitäten in Ländern stattfinden, deren konjunkturelle Entwicklungen nicht vollkommen positiv miteinander korreliert sind, erzielt die multinationale Firma durch ihre internationale Diversifikation Gewinne, und zwar nicht nur auf der Absatzseite, wie eine exportierende Firma, sondern auch auf der Produktionsseite.[1)] Man kann sie deshalb auch als risikoaversen Investor ansehen, der durch Internationalisierung eine Stabilisierung seiner Erträge erreicht.[2)]

5.1 Das Capital Asset Pricing Modell für eine geschlossene Wirtschaft

Maximiert die Firma den erwarteten Nutzen des Vermögens ihrer Anteilseigner über die Maximierung des Nutzens ihres Kapitalwertes, so verlangt dies ein Modell, das den Marktwert der Firma als Funktion einer Wahrscheinlichkeitsverteilung ihrer cash flows angibt. Der übliche Modellrahmen hierfür ist das "Capital Asset Pricing"-Modell (CAPM).

Das CAPM stellt einen Ansatz dar, mit dem sich Gleichgewichtserträge unterschiedlich riskanter Kapitalmarktpapiere und damit gleichzeitig die Höhe der Kapitalkosten für Investitionsprojekte bei unsicheren Erwartungen aus dem Verhalten der Kapitalanleger bei der Zusammenstellung ihrer Wertpapierportfolios ableiten lassen. Beschränkt man sich auf eine Ein-Perioden-Betrachtung, wird danach die Wahr-

---

1) Vgl. RUGMAN (1977), S. 492.

2) Vgl. BUCKLEY (1981), S. 78.

scheinlichkeitsverteilung des Anlegerendvermögens durch die Parameter Erwartungswert und Standardabweichung (bzw. Varianz) charakterisiert. Ersterer gibt den Durchschnitt der am Periodenende für möglich erachteten unterschiedlichen Realisationen des Anlegerendvermögens an, letzterer die Streuung dieser Realisationen um ihren Mittelwert. Man nimmt hierbei an, daß das (unsichere) Endvermögen des Anlegers einer Normalverteilung folgt oder die Nutzenfunktion der Anleger quadratisch ist.[1] Haben alle Anleger eine Präferenz für ein höheres Vermögen und eine gewisse Risikoaversion bei der Portfoliobildung, so werden stets sogenannte effiziente Portfolios realisiert, die bei alternativ gegebener Standardabweichung des Endvermögens den jeweils höchsten Erwartungswert bieten. Unterstellt wird dabei, daß die am Kapitalmarkt gehandelten Ansprüche an das Vermögen der Unternehmen unbeschränkt teilbar sind, alle Anleger homogene Erwartungen bezüglich der Wahrscheinlichkeitsverteilung der Zukunftserträge risikobehafteter Anlagen haben und die Transaktionskosten Null betragen.

Aufbauend auf dieser von MARKOWITZ (1952) entwickelten "portfolio-selection" Theorie, nach der ihren erwarteten Nutzen maximierende Investoren immer ihr optimales Portfolio aus der Menge aller effizienten Portfolios wählen, zeigte TOBIN (1958), daß bei Existenz einer risikofreien Anlage die Anlageentscheidung dichotomisiert werden kann. Die Investoren isolieren zunächst unabhängig von ihren individuellen Präferenzen die effizienten Alternativen; die Abwägung zwischen Ertrag und Risiko entsprechend der subjektiven Risikoaversion wird erst im zweiten Schritt durchgeführt.

---

1) Auch die weniger restriktive Annahme neuerer Modelle, daß die prozentuale Änderung der Wertpapierkurse einer stetigen Brownschen Bewegung, also einer stochastischen Differentialgleichung vom WIENER-ITO-Typ, folgt und damit die Kurse selbst lognormal verteilt sind, führt zu den Ergebnissen der klassischen Portfoliotheorie. Vgl. BRANSON und HENDERSON (1985), S. 783 ff.

SHARPE (1964) und LINTNER (1965) haben TOBINs "Separationstheorem" um die Bestimmung von Gleichgewichtspreisen risikobehafteter Anlagen erweitert. Sie wiesen nach, daß aus der Menge alternativer effizienter Portfolios ein einziges optimales Portfolio abgeleitet werden kann, welches unabhängig von den individuellen Grenzraten der Substitution zwischen Ertrag und Risiko ist, wenn man die zusätzliche Annahme unbegrenzter Verschuldung zum risikofreien Zinssatz einführt. Man erhält in einem ersten Schritt die für alle Investoren geltende optimale Zusammensetzung eines nur aus risikobehafteten Anlagen bestehenden Portfolios, während in der zweiten Stufe der Investitionsentscheidung die optimale Verteilung der individuellen Portfolios zwischen dem nunmehr in seiner Zusammensetzung fixen Risikoportfolio (bezeichnet als Marktportfolio) und der risikofreien Anlage bzw. Verschuldung vorgenommen wird.

Abbildung 3:

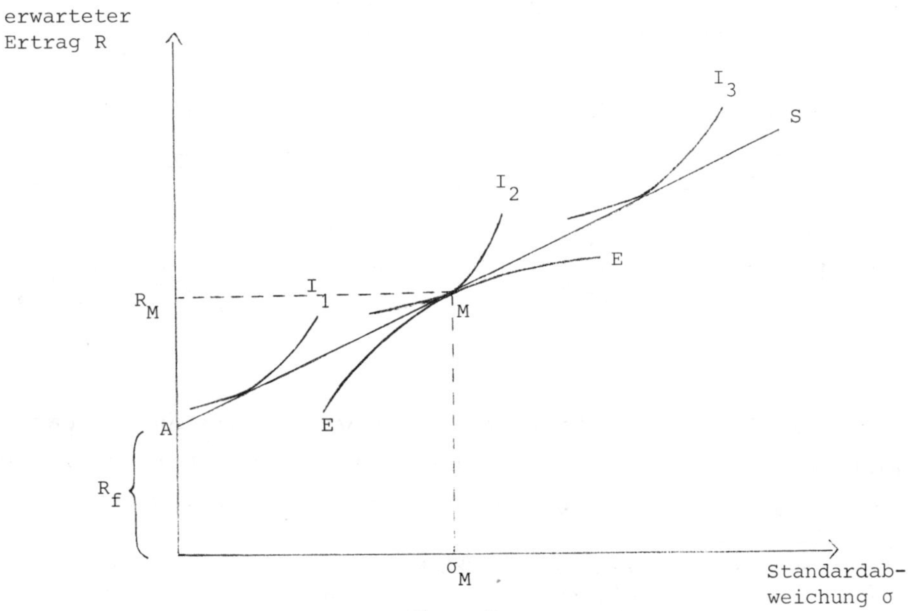

Figur I

Quelle: NEUMANN (1982), S. 218.

Anhand Abbildung 3 können drei unterschiedliche Anlageentscheidungen illustriert werden. EE bezeichnet die Effizienzlinie als die Menge aller effizienten Portfolios, die Tangente AMS stellt im Segment AM alle Kombinationen des Risikoportfolios M mit der risikofreien Anlage, über den Punkt M hinaus Kombinationen von M mit zum risikofreien Zinssatz aufgenommenen Verbindlichkeiten dar. R_f bezeichnet den Ertrag der risikofreien Anlage. Im Tangentialpunkt von I_1 mit der Geraden AMS hält der Anleger eine Mischung aus riskanten Wertpapieren und risikofreier Anlage; im Punkt M besteht das Portfolio des individuellen Anlegers nur aus den Wertpapieren des Marktportfolios, und Tangentialpunkte individueller Indifferenzkurven mit AMS rechts vom Punkt M repräsentieren Risikoportfolios, die zum Teil durch Kreditaufnahme finanziert werden.

Für den Gleichgewichtsertrag eines Kapitalmarktpapiers i erhält man:[1]

$$E(R_i) = R_f + \frac{E(R_M)-R_f}{\sigma_M} \frac{cov(R_i, R_M)}{\sigma_M}$$

wobei $cov(R_i, R_M)$ die Kovarianz zwischen dem zufallsbedingten Ertrag R_i des Wertpapiers i und dem Ertrag R_M des Marktportfolios darstellt. R_i setzt sich also aus dem risikofreien Ertrag und einer Risikoprämie zusammen, die vom Marktpreis des Risikos, $\frac{E(R_M)-R_f}{\sigma_M}$,[2] und dem sogenannten systematischen, d.h. nicht diversifizierbaren Risiko, $\frac{cov(R_i, R_M)}{\sigma_M}$, abhängt.

Systematisches Risiko kann definiert werden als Anteil des Gesamtrisikos einer Anlage, welcher aus Faktoren herrührt, die alle Anlagemöglichkeiten gleichermaßen betrifft. Die nicht-

---

1) Vgl. zur formalen Herleitung NEUMANN (1982), S. 218 f. In empirischen Untersuchungen wird hierfür auch häufig eine Renditeschreibweise verwendet.

2) Da $[E(R_M)-R_f]/\sigma_M$ die Steigung der Effizienzlinie im Punkt M und damit gleich der Grenzrate der Substitution zwischen erwartetem Portfolioertrag und Portfoliorisiko ist, läßt sich der Ausdruck als Marktpreis des Risikos interpretieren. Vgl. NEUMANN (1982), S. 219.

systematische Komponente des Gesamtrisikos ist firmenspezifisch und im wesentlichen unvorhersehbar.[1] Besteht ein Portfolio aus einer großen Zahl von Anlagen, so heben sich die zufälligen Schwankungen der einzelnen Anlagen im Durchschnitt auf; die einzige Variabilität resultiert aus alle Anlagen gemeinsam beeinflussenden Faktoren. Deshalb werden Portfolioanleger unter den Annahmen des CAPM bei Investitionsentscheidungen dazu tendieren, nur das systematische Risiko zu berücksichtigen und nicht das nichtantizipierbare, zufällige Risiko.

Aus dieser "risk-return"-Beziehung lassen sich die empirisch überprüfbaren Hypothesen des CAPM ableiten:[2]

a) Im Kapitalmarktgleichgewicht bestimmt sich die Risikoprämie einer Anlage aus dem Marktpreis des Risikos und dem systematischen Risiko des Wertpapiers, so daß insbesondere der Standardabweichung des Ertrages dieser Anlage kein eigenständiger Erklärungswert für den Erwartungswert der Risikoprämie zukommt.

b) Zwischen den Risikoprämien und den systematischen Risiken der Kapitalmarktpapiere besteht ein linearer Zusammenhang, wonach sich die Risikoprämie $E(R_i) - R_f$ proportional zum systematischen Risiko verändert.

Für den Bereich nationaler Kapitalmärkte existiert hierzu eine ausführliche Literatur; die Anwendung auf internationale Finanzmärkte ist dagegen - wie im nächsten Abschnitt näher erläutert - weniger gut entwickelt.

---

1) Vgl. LOGUE (1978), S. 166.

2) Vgl. RUDOLPH (1979), S. 1046.

5.2 Die Anwendung des CAPM auf internationale Kapitalmärkte

Damit aus einer internationalen Diversifizierung für einen einzelnen Anleger gegenüber einer rein inländischen Diversifikation zusätzliche Gewinne resultieren, müssen eine oder beide der folgenden Bedingungen erfüllt sein: Zunächst müssen die Kovarianzen der jeweiligen Erträge innerhalb eines Landes größer sein als zwischen einzelnen Ländern. Wenn die konjunkturellen Schwankungen verschiedener Volkswirtschaften nicht perfekt korrelieren, so ist das systematische Risiko eines internationalen Portfolios nur abhängig von der gemeinsam in allen Ländern auftretenden Variabilität. In dem Ausmaß, in dem Fluktuationen einer Volkswirtschaft von entgegengesetzten einer anderen ausgeglichen werden, würde das vom Anleger zu tragende systematische Risiko reduziert werden. Zusätzlich entstehen Diversifikationsgewinne, wenn die Kapitalmärkte vor dem Auftreten internationaler Anleger segmentiert waren, so daß die Wertpapiere eher mit ihrem inländischen als mit einem international berechneten Risiko bewertet wurden.[1] Bei segmentierten Kapitalmärkten werden unter den Annahmen des CAPM Wert und Ertragsrate jeder Kapitalanlage durch das nicht diversifizierbare, systematische Risiko innerhalb eines nationalen Portfolios determiniert. Im Fall vollkommener internationaler Kapitalmarktintegration bestimmen sich die erwarteten Renditen dagegen im Kontext eines "Weltmarktportfolios", d.h. sie spiegeln den Beitrag einer einzelnen Anlage zum Risiko des Weltmarktportfolios wider. Der einzige Vorteil internationaler Diversifikation wäre dann ein "pure diversification effect", der Beitrag des nicht systematischen Risikos einzelner Anlagen zum Gesamtrisiko des individuellen Portfolios würde sich verringern. Liegen dagegen segmentierte Kapitalmärkte vor, so fallen darüber hinaus Gewinne an, wenn vormals nicht diversifizierbares Risiko diversifizierbar wird, sei es bei genügend

1) Vgl. LESSARD (1975), S. 207.

großer internationaler Öffnung der Kapitalmärkte durch individuelle Portfolioanleger oder durch das Investitions- und Finanzierungsverhalten von Unternehmen.

Es stellt sich nun die empirische Frage, inwieweit internationale Diversifikationsvorteile bestehen und von wem sie gegebenenfalls ausgeschöpft werden.

Tabelle 12: Korrelationskoeffizienten monatlicher Ertragsraten für neun wichtige Aktienmarktindizes

1/71-12/79									
Panel A: Nominal Monthly Returns in Original Currency									
	GER	BEL	CAN	FRA	JAP	NET	UK	SWI	USA
GER	1.00								
BEL	0.48	1.00							
CAN	0.24	0.45	1.00						
FRA	0.44	0.60	0.34	1.00					
JAP	0.35	0.29	0.26	0.13	1.00				
NET	0.59	0.66	0.52	0.50	0.37	1.00			
UK	-.03	0.06	-.01	-0.6	0.04	-.04	1.00		
SWI	0.52	0.64	0.46	0.42	0.37	0.63	-.14	1.00	
USA	0.28	0.49	0.69	0.34	0.34	0.52	-.005	0.53	1.00
Panel B: Real Monthly Returns in $US, Deflated by U.S. C.P.I.									
	GER	BEL	CAN	FRA	JAP	NET	UK	SWI	USA
GER	1.00								
BEL	0.51	1.00							
CAN	0.25	0.40	1.00						
FRA	0.41	0.59	0.40	1.00					
JAP	0.47	0.40	0.28	0.26	1.00				
NET	0.54	0.65	0.47	0.51	0.39	1.00			
UK	0.11	0.09	0.66	-.02	0.06	0.12	1.00		
SWI	0.56	0.70	0.46	0.55	0.48	0.60	-.07	1.00	
USA	0.34	0.48	0.69	0.38	0.33	0.53	0.02	0.49	1.00

Quelle: ADLER und DUMAS (1983), S. 937.

Betrachtet man die niedrige und zum Teil negative Korrelation zwischen den Finanzmärkten der wichtigsten Industrieländer (vgl. Tabelle 12), so läßt sich daraus der Schluß ziehen, daß nur ein Teil des nationalen systematischen Risikos auch in einem internationalen Kontext systematisch ist und deshalb erhebliche Gewinne durch internationale

Portfoliodiversifizierung erzielt werden können. Grundsätzlich könnte man anhand eines "International Asset Pricing"-Modells (IAPM) testen, ob sich die Risikoprämie eines Wertpapiers im Rahmen eines internationalen Kapitalmarktgleichgewichts bildet. Dies hätte zur Konsequenz, daß der Diversifikationsaspekt für eine Firma irrelevant ist: Jede Diversifizierung im finanz- und leistungswirtschaftlichen Bereich ließe sich durch eine entsprechende Diversifikation in den Anlegerportfolios substituieren. Die empirische Überprüfung internationaler Diversifikationsvorteile in einem IAPM und die Aufstellung eines optimalen "Weltmarktportfolios", welches diese Gewinne maximiert, werfen allerdings das theoretische Problem auf, das dann auftretende Wechselkursrisiko einzubeziehen und, damit verbunden, eine risikofreie Anlage zu bestimmen. Der folgende Abschnitt beschäftigt sich daher mit der Frage, inwieweit die in bisherigen empirischen Untersuchungen internationaler Kapitalmärkte angewendeten theoretischen Grundlagen des CAPM gerechtfertigt sind.

So erlaubt die Anwendung des SHARPE-LINTNER-CAPM auf internationale Kapitalmärkte nicht ohne weiteres, für alle Investoren unabhängig von ihren Herkunftsländern die gleiche Zusammensetzung risikobehafteter Anlagen in einem optimal diversifizierten internationalen Portfolio zu postulieren. Bei Abweichungen von den Kaufkraftparitäten werden Investoren in verschiedenen Ländern nämlich ihre Realerträge unterschiedlich messen und damit im allgemeinen auch unterschiedlich zusammengesetzte Portfolios zu halten wünschen.[1)] Ebenso kann das Währungsrisiko bei gleicher Anlagestruktur unterschiedlich sein, wenn sich die Konsumpräferenzen bzw. die Struktur des konsumierten Güterbündels in den einzelnen Ländern unterscheiden.

Ein amerikanischer Investor, der z.B. ein in D-Mark denominiertes Wertpapier hält, wird zunächst den Nominalertrag in

---

1) Vgl. ADLER und DUMAS (1983), S. 929; LEVY und SARNAT (1983), S. 132 f., und dies. (1975), S. 185 ff.

in Dollar umrechnen und dann mit einem in Dollar ausgedrückten Preisindex (z.B. dem Konsumentenpreisindex) deflationieren. Er erhält damit die in Dollar gemessene Kaufkraft seines Auslandseinkommens. Ein deutscher Investor wird demgegenüber das gleiche Wertpapier mit dem für ihn relevanten, in D-Mark ausgedrückten Preisindex deflationieren. Bei Gültigkeit der Kaufkraftparität würden beide Anleger den Realertrag des betrachteten Wertpapiers als gleich ansehen. Sie kommen aber auch bei identischen Konsumpräferenzen zu unterschiedlichen Einschätzungen, wenn ihre Preisindizes, umgerechnet in eine gemeinsame Währung, verschieden sind, d.h. wenn Abweichungen von der Kaufkraftparität vorliegen. Daraus resultieren unterschiedliche Mengen effizienter internationaler Anlagemöglichkeiten, so daß die optimale Zusammensetzung eines international diversifizierten (Weltmarkt-)Portfolios nicht für alle Länder die gleiche sein muß.
Unter diesem Gesichtspunkt ist auch die Annahme einiger Modelle und empirischer Studien des ICAP[1] zu beurteilen, daß für einen individuellen Investor festverzinsliche, in seiner Inlandswährung denominierte Bonds eine risikofreie Anlage darstellen. Als Konsequenz sind in den resultierenden optimalen Portfolios mehr inländische Anlagen aufgenommen, als es einer korrekten Spezifikation des Wechselkursrisikos entsprechen würde, die den Einfluß von Wechselkursschwankungen auf die Kaufkraft der inländischen Währung über importierbare Güter berücksichtigt.[2] Formal beschreiben läßt sich das Problem folgendermaßen:[3] Die Kaufkraft einer Einheit der Währung des Landes i über alle in- und ausländischen Güter kann ausgedrückt werden als

---

1) Siehe u.a. ROSS und WALSH (1983) und MEHRA (1978) als Beispiele für die theoretische Ableitung eines solchen IAPM bzw. HUGHES, LOGUE und SWEENEY (1975) sowie ANG und GHALLAB (1976) für die empirische Anwendung.

2) Vgl. HECKERMAN (1973), S. 379. Damit Investoren eines Landes ihre gesamten Anlagen in Auslandswährungen als risikobehaftet aufgrund von Wechselkursfluktuationen ansehen, da sie sämtliche anfallenden Erträge in Inlandswährung umzutauschen wünschen, ist es andererseits notwendig anzunehmen, daß sie ausschließlich inländische Güter konsumieren. Vgl. ADLER (1977), S. 44 f.; und LEVY und SARNAT (1983) S.134.

3) Vgl. EAKER (1981), S. 421.

$$Q_i = \prod_{j=1}^{n} (P_j e_{ij})^{-\alpha_j}$$

wobei P_j das Preisniveau in Land j für das von dem betrachteten Investor konsumierte Güterbündel des Landes j, e_{ij} den Wechselkurs der Währung j in Einheiten von i und α_j den Ausgabenanteil für in Währung j denominierte Güter repräsentieren.

Ein solcher Index spiegelt die Tatsache wider, daß die Kaufkraft einer Währungseinheit eine Funktion des Preisniveaus jeden Landes, der Wechselkurse zwischen dieser Währung und allen anderen Ländern sowie des Konsumverhaltens des Investors ist. Daraus folgt aber, sofern der Investor nicht nur inländische Güter konsumiert, daß auch Anlagen in inländischer Währung nicht "immun" gegen Wechselkursrisiken sind, und die reale risikofreie Anlage im Rahmen eines IAPM nur in bezug auf die länderspezifische Konsumstruktur definiert werden kann. Statt eines risikofreien Zinssatzes determiniert dann der Erwartungswert der Rendite eines mit dem Risikoportfolio nicht korrelierten (varianzminimalen) Portfolios die Risikoprämien der Wertpapiere.

Berücksichtigt man indes Wechselkursrisiken in der oben geschilderten Weise bei der Übertragung des CAPM auf internationale Kapitalmärkte, so verliert das Separationstheorem seine Gültigkeit. Die Anleger werden entsprechend ihrer Zugehörigkeit zu einer Währungsregion unterschiedliche Portfoliostrukturen realisieren, was sich in von den Vermögenshaltern geforderten unterschiedlichen Ertragsraten von Anlagen in verschiedenen Währungen äußern kann.[1] Nur dann, wenn die erwarteten Erträge zweier Anlagen in verschiedenen Ländern, die in einer gegebenen Währung perfekt miteinander korrelieren, in dieser Währung identisch sind und damit international vollkommen integrierte Kapitalmärkte vorliegen,[2] können im Rahmen eines IAPM Gleichgewichtserträge für ein Weltmarktportfolio berechnet werden.

---

1) Vgl. GRUBEL (1982), S. 16.

2) Diese Definition integrierter Kapitalmärkte verwenden z.B. STULZ (1981), S. 383, und KOHLHAGEN (1983), S. 114.

Die grundlegenden Modelle des ICAP, welche ein einziges optimales Weltmarktportfolio risikobehafteter Anlagen herleiten, umgehen dieses Problem, indem sie von einer der folgenden Annahmen ausgehen: Man unterstellt die Gültigkeit der absoluten Kaufkraftparität, als ob nur ein einziges Konsumgut existieren würde, während die Länder unterschiedliche Inflationsraten aufweisen[1] oder eine perfekte Korrelation der Terms of Trade mit dem Wechselkurs.[2]

So erlaubt der Ansatz von GRAUER, LITZENBERGER und STEHLE unter den Annahmen gleicher Konsumpräferenzen aller Investoren, Gültigkeit der Kaufkraftparität und Existenz einer realen risikofreien Anlage eine direkte Anwendung des CAPM für eine geschlossene Wirtschaft auf die internationalen Kapitalmärkte. Da Wechselkurse nur aufgrund rein monetärer Faktoren schwanken, tritt ein "reales" Wechselkursrisiko für den einzelnen Investor nicht auf; der Realertrag einer beliebigen Anlage, ausgedrückt in Einheiten eines Gutes oder Güterbündels, ist überall gleich. "The set of relative assets prices in a multicommodity world is not different from that arising in capital market equilibrium with a single international currency, since the stochastic characteristics of real wealth are unaffected by the introduction of more than one currency."[3] Obwohl die empirischen Fakten über das Wechselkursverhalten anzeigen, daß die Kaufkraft eines Kapitalanlegers von dem Land abhängt, in dem er ansässig ist, nehmen solche Modelle die gleichen Konsum- und Investitionsmöglichkeiten für jeden Investor in verschiedenen Ländern an.[4]

---

1) Vgl. als grundlegendes Ein-Perioden-Modell GRAUER, LITZENBERGER und STEHLE (1976); für ein intertemporales Modell mit stetigen stochastischen Zustandsänderungen z.B. KOURI (1977).

2) Vgl. als grundlegenden Ansatz SOLNIK (1974a) und (1974c); zu einem Vergleich beider Modelltypen siehe SOLNIK (1977), S. 506 ff., und ADLER und DUMAS (1977), S. 182.

3) GRAUER, LITZENBERGER und STEHLE (1976), S. 254.

4) siehe hierzu auch FAMA und FARBER (1979), S. 646.

Im Gegensatz dazu treten in SOLNIKs Modell nichtantizipierbare Wechselkursschwankungen bei relativen Preisänderungen der nationalen Konsumgüterbündel auf, solange die Konsumpräferenzen zwischen den Ländern differieren. Er nimmt Inflationsraten von Null an, so daß die Kaufkraft in inländischer Währung über den nationalen Konsumgüterkorb keiner Ungewißheit unterliegt. Weiterhin sei der Preis für jedes Gut weltweit identisch, die Gültigkeit des "law of one price" also gewährleistet. Ein "reales" Wechselkursrisiko entsteht aufgrund der Ungewißheit über den relativen Wert national unterschiedlicher Konsumgüterbündel bei relativen Preisschwankungen. SOLNIKs Ergebnis - bei Existenz einer (jeweils inländischen) realen risikofreien Anlage gibt es ein für jeden Investor optimales Aktienportfolio[1] - läßt sich aber nur unter der restriktiven Annahme der stochastischen Unabhängigkeit der nominalen Anlagenerträge vom Wechselkurs ableiten, obwohl in diesem Modell Wechselkurse relative Preise repräsentieren und deshalb den Wert der Nominalerträge einzelner Firmen beeinflussen müßten. Eine realistischere Betrachtung muß daran ansetzen, daß die Varianz des realen Endvermögens eines Investors aus seinem Portfolio zwei Elemente eines Wechselkursrisikos enthält, einmal das "reine" Wechselkursrisiko in Form der Varianz-Kovarianz-Matrix der relativen Wechselkursänderungen, zum anderen die Kovarianzen zwischen Wechselkursänderungen und Erträgen der risikobehafteten Anlagen.

Geht man davon aus, daß eine reale risikofreie Anlage nicht existiert, so beeinflußt das "nominale" Wechselkursrisiko (bzw. Inflationsrisiko) im Gegensatz zum Ansatz von GRAUER, LITZENBERGER und STEHLE die optimale Portfoliozusammensetzung und damit die Gleichgewichtsrenditen risikobehafteter Anlagen, weil dann Terminkontrakte oder nominal risikofreie Schuldtitel als Hedging-Instrumente eingesetzt werden. Dies kann sich darin äußern, daß jede Investition in Auslands-

1) Inländische Bonds sind risikofreie Anlagen für inländische (aber nicht für ausländische) Investoren, da zufällige Schwankungen der Inflationsraten ausgeschlossen werden.

aktien durch Verschuldung in der jeweiligen Auslandswährung zum dort herrschenden Festzinssatz finanziert wird.[1) Bei homogenen Konsumpräferenzen führt die Aggregation der individuellen Assetnachfragen zu einem effizienten Weltmarktportfolio, bestehend aus allen, jeweils gegen das "reine" Wechselkursrisiko gesicherten Aktien, die nur mit ihrem Marktrisiko bewertet werden und dessen Zusammensetzung unabhängig von der individuellen Risikoeinstellung der Investoren ist.[2)]

Bei Ungewißheit über die relativen Güterpreise aufgrund unterschiedlicher nationaler Konsumpräferenzen kann aber die Nachfrage nach Finanzanlagen nicht von den Konsumentscheidungen der Portfoliohalter getrennt werden.[3)] Nimmt man Unabhängigkeit von Wechselkurs- und Kapitalmarktrisiko an, so läßt sich ein modifiziertes Separationstheorem aufstellen, bei dem alle Investoren im Optimum eine lineare Kombination aus einem in seiner Zusammensetzung konstanten internationalen Marktportfolio, bestehend aus Aktien und Bonds, und einem individuellen, an der jeweiligen Konsumstruktur ausgerichteten Hedging-Portfolio, dem sog. "minimum-variance"-Portfolio, halten.[4)] Die nominale Ertragsrate des minimum-variance-Portfolios weist von allen Portfolios die höchste Korrelation mit der Veränderungsrate der Kaufkraft eines Investors auf und bietet damit den bestmöglichen Schutz vor Kaufkraftrisiken aus nichtantizipierbaren Inflations- und

---

1) Vgl. z.B. STULZ (1981), S. 388 f. Risikoaverses Anlegerverhalten impliziert dabei, daß der Terminabschlag oder -zuschlag bzw. die Zinsdifferenz nominal risikoloser Bonds nicht mit der erwarteten Wechselkursänderungsrate übereinstimmt, sondern diese um eine Risikoprämie korrigiert werden muß, welche von den Kovarianzen der Kassakurse abhängt. Vgl. dazu DORNBUSCH (1980), S. 172; LOSQ (1979), S. 67 ff.; sowie ROLL und SOLNIK (1977).

2) Siehe hierzu den Beweis von SOLNIK (1977), S. 507.

3) Es sei denn, man unterstellt eine logarithmische Nutzenfunktion mit einem konstanten Arrow-Pratt-Koeffizienten der relativen Risikoaversion von Eins. Vgl. dazu ADLER und DUMAS (1983), S. 943.

4) Vgl. BRANSON und HENDERSON (1985), S. 791 f.; sowie ADLER und DUMAS (1983), S. 942 ff.

Wechselkursschwankungen. Da in die Berechnung der individuelle Kaufkraftindex eingeht, ist dieses Portfolio anlegerspezifisch. Wenn die in lokaler Währung eines Landes ausgedrückten Güterpreise keinen Zufallsschwankungen unterliegen, und nur die in Inlandswährung umgerechneten Preise importierter Güter mit den (zufälligen) Wechselkursänderungen fluktuieren, so wird die Zusammensetzung des Hedging-Portfolios genau die Zusammensetzung des individuellen Konsumgüterbündels widerspiegeln.

Das Aktien-Marktportfolio ist hierbei nur ein Teil des optimalen Gesamtportfolios und kann für sich alleine betrachtet, ohne Einbeziehung der einem reinen Währungsrisiko unterliegenden festverzinslichen Anlagen, sehr wohl ineffizient sein.[1)] Soweit ein solches IAPM getestet werden soll, steht man vor dem Problem, daß die Anteile der nationalen Bonds am optimalen Portfolio von der unterschiedlichen Risikoaversion der Anleger abhängen, die sich praktisch kaum messen läßt.

Die zweite Komponente eines Wechselkursrisikos bleibt aber auch bei Existenz von Kurssicherungsmöglichkeiten bestehen, da sie nicht durch ein im voraus festgelegtes Gegengeschäft aufgehoben werden kann.[2)] Dieses Risiko läßt sich als Kovarianz zwischen relativen Wechselkursänderungen und dem Realertrag eines effizienten Marktportfolios definieren und mißt, in welchem Ausmaß sich das Vermögen aufgrund von Währungsschwankungen verändert.[3)] Jeder Anleger, der eine internationale Diversifikation seines Vermögens anstrebt, muß ein solches Wechselkursrisiko gegen den erwarteten Ertrag seiner internationalen Assetbestände aufrechnen, wobei sich die gewünschte Risikoprämie aber je nach Zugehörigkeit zu einer Währungsregion unterscheidet. "... individual investors' stock portfolio holdings do depend

---

1) Vgl. SOLNIK (1977), S. 508; sowie ADLER und DUMAS (1983), S. 950 ff.

2) Vgl. SENBET (1979), S. 460.

3) Vgl. LOSQ (1979), S. 69.

on the stochastic properties of the distribution of exchange rate changes. One consequence of this dependence is that investors of different nationalities will generally hold different portfolios. In analogy to the result of heterogenous expectations in a single perfect capital market, no investor need hold 'The International Market Portfolio'; in general none will."[1)]

Zusätzlich zur korrekten Einbeziehung des Wechselkursrisikos in die Formulierung eines internationalen CAPM muß außerdem berücksichtigt werden, daß eine Basisaussage des CAPM - ein Anleger hält in seinem Portfolio alle am Markt verfügbaren risikobehafteten Anlagen - unterstellt, daß die am Kapitalmarkt gehandelten Ansprüche an das Vermögen der Unternehmen unbeschränkt teilbar und mit der Portfoliozusammenstellung durch die Investoren keine Informations- und Transaktionskosten verbunden sind.

Nun kann die am Kapitalmarkt bestehende Möglichkeit, sich an Investmentfonds zu beteiligen, zu realen Bedingungen führen, die sich durch die im CAPM verwendete Prämisse einer vollständigen Teilbarkeit der Wertpapiere approximieren lassen (auch wenn dieses die Existenz solcher Fonds nicht erklären kann). Auch Investmentfonds können aber, gerade wenn sie eine internationale Anlagestrategie betreiben, hohen Transaktions- und Informationskosten unterliegen. LEVY (1978) hat gezeigt, daß die bei positiven Transaktions- und Informationskosten weniger diversifizierten Portfolios der Anleger dazu führen, daß die Höhe der Risikoprämie im Kapitalmarktgleichgewicht neben der Kovarianz mit dem Marktportfolio auch durch die Varianz der Wertpapierkurse selbst determiniert werden. Ermittelt man die gleichgewichtige risk-return-Beziehung für einen Kapitalmarkt mit n Risikoanlagen, in dem ein Anleger nicht mehr als in $n_k \leqq n$ Anlagen investieren kann, wobei n_k in Abhängigkeit vom Vermögen zwischen den einzelnen Anlegern variiert, so läßt sich das Ri-

---

1) ADLER und DUMAS (1975), S. 16.

siko einer Anlage i als gewichteter Durchschnitt der systematischen Risiken aller Investoren, β_{ik}, ableiten. Da die Varianz der Anlage i, σ_i^2, eine Hauptkomponente von β_{ik} darstellt, spielt sie entgegen den Resultaten des traditionellen CAPM eine wesentliche Rolle bei der Risikoeinschätzung einer Aktie.[1)]

"The reasons why residual risk may affect asset returns at the national level - including information and other transaction costs and possible investor irrationalities - would appear to be even more cogent at the international level ...".[2)]

5.3 Schlußfolgerungen und empirische Anhaltspunkte für eine Risikodiversifizierung auf Firmenniveau

5.3.1 Ein kritischer Überblick über bisherige empirische Studien

Aus den vorhergehenden Ausführungen ergeben sich nun folgende Schlußfolgerungen:

Wenn sich die Investoren in ihrer Konzeption eines effizienten Portfolios unterscheiden, gibt es keinen Grund, die in einer beliebigen Währung gemessenen nominalen Ertragsraten eines internationalen Marktportfolios als Maßstab für die

1) In empirischen Schätzungen kommt dies dadurch zum Ausdruck, daß die Aufnahme der Varianz der Residuen e_{it}, $\hat{S}^2_{ei}$, der Zeitreihenregression $R_{it} = \alpha_i + \beta_i R_{Mt} + e_{it}$ (R_{it} und R_{Mt} repräsentieren die Ertragsraten der Anlage i bzw. des Marktportfolios im Jahr t), welche das systematische Risiko der Anlage i schätzt, in die Regressionsgleichung $\bar{R}_i - r_f = \hat{\gamma}_0 + \hat{\gamma}_1 \hat{\beta}_i + \hat{\gamma}_2 \hat{S}^2_{ei}$ den Korrelationskoeffizienten erhöht ($\bar{R}_i$ stellt den Durchschnittsertrag der i-ten Anlage dar, $\hat{\beta}_i$ das geschätzte systematische Risiko und $\hat{\gamma}_0$, $\hat{\gamma}_1$ sowie $\hat{\gamma}_2$ Regressionskoeffizienten). Ein signifikant positives $\hat{\gamma}_2$ widerspricht aber dem erwarteten Gleichgewichtsergebnis des CAPM mit $\hat{\gamma}_0, \hat{\gamma}_2 = 0$. Darüber hinaus liefert die Residualvarianz oft einen höheren Erklärungsbeitrag als das systematische Risiko. Vgl. z.B. BLUME und FRIEND (1974) sowie LEVHARI und LEVY (1977).

2) FRIEND und LOSQ (1979), S. 9 f.

Bewertung von Aktien anzusehen. Das in der Regressionsgleichung $R_i = \alpha + \beta R_M + e$ mit $\beta = cov(R_i, R_M)/\sigma^2(R_M)$ zum Ausdruck kommende IAPM, welches als einzig relevantes das systematische Risiko eines einheitlichen Weltmarktportfolios R_M unterstellt, eignet sich daher nicht zur empirischen Analyse internationaler Portfoliodiversifikation.[1)]

Da das Risiko einer Investition nicht in einer einzigen Maßgröße (inländisches oder internationales β) zusammengefaßt werden kann, bleibt als Alternative nur die Aufstellung effizienter Portfolios nach MARKOWITZ. So lassen sich aus der Sicht verschiedener nationaler Anleger "internationale Effizienzlinien" berechnen, wenn man eine effiziente Diversifizierung auf nationalem Niveau unterstellt - repräsentiert durch den jeweiligen Aktienindex, den man näherungsweise als inländisches "Marktportfolio" interpretieren kann.[2)] Das Ziel internationaler Diversifizierung besteht dann darin, den Teil des im nationalen Kapitalmarkt systematischen, aber international potentiell diversifizierbaren Risikos durch geeignete Anlagestreuung zu eliminieren.

Aus einer empirischen Studie von LESSARD (1976) lassen sich folgende Prozentsätze für den Anteil des unsystematischen Risikos am Gesamtrisiko der jeweiligen nationalen "Marktportfolios" (Aktienindizes) ermitteln:[3)]

USA	Bundesrepublik Deutschland	Großbritannien	Frankreich	Japan
12	78	83	90	92

---

1) Tests internationaler Diversifikationsvorteile bzw. Kapitalmarktintegration auf dieser Basis wurden u.a. vorgenommen von KOVEOS (1977), LESSARD (1976), ANG und GHALLAB (1976).

2) Die Ertragsrate eines Aktienindex ist dabei definiert als prozentuale quartalsweise Änderung $R_{i,t} = (P_{i,t} - P_{i,t-1})/P_{i,t-1}$.

3) Berechnet als Anteil der Varianz nationaler Aktienindizes, der durch einen Weltmarktindex, gewichtet mit den Marktwerten der verschiedenen Länderindizes, erklärt wird. Verwendet wurden monatliche Daten für den Zeitraum Januar 1959 bis Oktober 1973.

Danach stellt der amerikanische Kapitalmarkt einen akzeptablen Ersatz für ein Weltmarktportfolio dar,[1] weil er nur ein geringes unsystematisches und damit diversifizierbares Risiko von 12 % aufweist, während französische Investoren theoretisch 90 % des Risikos eines rein inländischen "Marktportfolios" durch internationale Diversifizierung eliminieren könnten.

Diese und ähnliche Studien folgen indes der Praxis, die jeweiligen Erträge in US-Dollar umzurechnen, ohne die Existenz von Währungsrisiken zu berücksichtigen.[2] Eine Simulation von BLUME (1979) über die Sensitivität der Diversifikationsvorteile zwischen zwei Ländern zeigt auf, daß schon eine Kombination von gering positiv korrelierten Erträgen und einem mäßig hohen Wechselkursrisiko (definiert als normalverteilte jährliche Wechselkursänderungen mit einem Erwartungswert von Null und einer Standardabweichung von 10 %) Diversifikationsgewinne erheblich reduziert.

Bezieht man das Wechselkursrisiko mit ein, so ergibt sich für das Gesamtrisiko σ_i^2 eines ausländischen Aktienindex

$$\sigma_i^2 = \sigma^2(R_i) + \sigma^2(e_{ij}) + 2\rho\sigma(R_i)\sigma(e_{ij})$$

wobei $\sigma^2(R_i)$ die Varianz der Aktienerträge in heimischer Währung, $\sigma^2(e_{ij})$ die der Wechselkursänderung zwischen einheimischer und der jeweiligen ausländischen Währung und ρ den Korrelationskoeffizienten zwischen beiden Größen angeben.[3]

1) Siehe dazu auch FRIEND und LOSQ (1979), S. 5.

2) Vgl. GRUBEL und FADNER (1971); LEVY und SARNAT (1970, 1975, 1983); ADLER und HORESH (1974); SOLNIK (1974b), BERTONECHE (1979).

3) Vgl. SOLNIK und NOETZLIN (1982) sowie BIGER (1979).

Tabelle 13: Anteil des Währungsrisikos am gesamten Investitionsrisiko für einen amerikanischen Anleger (1970 - 1980)

Vehicle	Total Risk in US$ % p.a.	Risk in Local Currency % p.a.	Risk Differential % p.a.
EQUITIES			
Germany	18.39	13.87	4.52
Belgium	18.76	13.28	5.48
Denmark	17.65	15.41	2.24
France	25.81	22.00	3.81
Italy	26.15	24.21	1.94
Norway	29.92	28.61	1.31
Netherlands	18.91	16.37	2.54
United Kingdom	31.61	28.94	2.67
Sweden	18.06	15.05	3.01
Switzerland	21.40	16.80	4.60
Spain	20.26	16.71	3.55
Australia	27.15	24.62	2.53
Japan	19.55	16.39	3.16
Hong Kong	45.80	47.95	-2.50
Singapore	36.03	35.82	0.23
Canada	20.29	18.92	1.37
United States	16.00	16.00	0.00

Quelle: SOLNIK und NOETZLIN (1982), S. 15.

Stellt man wie in Tabelle 13 am Beispiel eines amerikanischen Investors das in US-Dollar berechnete Gesamtrisiko einer Investition in ausländische Aktienmärkte dem "reinen" Marktrisiko in der jeweiligen Landeswährung gegenüber, so ergibt sich für das Währungsrisiko ein durchschnittlicher Anteil von ungefähr 15 % am Gesamtrisiko. Dieser geringe Anteil erklärt sich aus einer niedrigen und sogar negativen Korrelation zwischen Wechselkursbewegungen und Kapitalmarkterträgen.[1)] Das systematische Risiko der nationalen Aktienmärkte ist also signifikant größer als das Wech-

1) Auch BERTONECHE (1979) fand keine systematische Abhängigkeit zwischen den Variationen der Aktienindizes und Wechselkursfluktuationen. Für die Korrelationskoeffizienten in der Periode 1969-76 ergaben sich sehr geringe Werte zwischen -0,17 und +0,14.

selkursrisiko, das Gesamtrisiko einer Anlage wird aber durch Wechselkursschwankungen im allgemeinen erhöht.[1)]

Um das Gesamtrisiko eines internationalen Portfolios berechnen zu können, müssen außerdem die Korrelationskoeffizienten zwischen den Ertragsraten der verschiedenen Aktienmärkte ermittelt werden. Als Beispiel seien in Tabelle 14 die von BIGER (1979) für den Zeitraum 1966 - 1977 jeweils aus Sicht verschiedener nationaler Investoren berechneten Korrelationskoeffizienten von acht Industrieländern aufgeführt. Der Erwartungswert eines Aktienertrages $E(R_{i,j})$ vom Standpunkt des Anlegers j aus ist dabei $E(R_i \cdot e_{i,j}) = E(R_i) \cdot E(e_{i,j}) + \rho\sigma(R_i)\sigma(e_{i,j})$, da sowohl Ertragsrate als auch Wechselkurs Zufallsvariable darstellen.[2)]

Da sich die Struktur der verschiedenen Korrelationsmatrizen und der daraus abgeleiteten anlegerspezifischen effizienten Portfolios nicht wesentlich voneinander unterscheiden, könnte man daraus schließen, daß Wechselkursrisiken die Kapitalmärkte nicht in dem Ausmaß segmentieren, wie vorher angenommen, und das GRAUER-LITZENBERGER-STEHLE-Modell eine brauchbare Approximation der Realität darstellt.[3)]

---

1) Würden Wechselkurse ausschließlich einem random-walk folgen, so könnte in langfristiger Betrachtung das Wechselkursrisiko vernachlässigt werden. In der kurzfristigen Ein-Perioden-Betrachtung eines mean-variance-Ansatzes muß empirisch geklärt werden, ob das Wechselkursrisiko Relevanz besitzt oder nicht.

2) Der Ertrag einer ausländischen Aktie, $R_{i,j}$ setzt sich zusammen aus dem Ertrag in Auslandswährung, R_i, multipliziert mit dem für den Anleger j relevanten Wechselkurs $e_{i,j}$. Für die Kovarianz zwischen R_i und $e_{i,j}$ gilt:

$$cov(R_i, e_{i,j}) = \rho\sigma(R_i)\sigma(e_{i,j}) = E(R_i \cdot e_{i,j}) - E(R_i)E(e_{i,j})$$

Daraus läßt sich wiederum $E(R_i \cdot e_{i,j})$ errechnen.

3) Auch LEVY und SARNAT (1983) ermittelten für den Zeitraum 1970-79 eine in weiten Teilen gleichartige Zusammensetzung optimaler "realer" Portfolios (nominale Ertragsraten nationaler Aktienindizes deflationiert mit der Inflationsrate des Investorenlandes) für verschiedene Investoren, allerdings ohne die jeweiligen Wechselkurse als Zufallsvariablen anzusehen.

Tabelle 14: Korrelationskoeffizienten verschiedener Aktienindizes aus Sicht unterschiedlicher Investoren

	Japanese Viewpoint							West German Viewpoint						
	2	3	4	5	6	7	8	2	3	4	5	6	7	8
1. Japan	.15	.38	.34	.24	.41	.48	.42	.32	.44	.39	.36	.55	.61	.50
2. Austria		.44	.44	.34	-.19	-.21	-.07		.08	.31	.09	-.10	-.05	-.08
3. West Germany			.64	.52	.34	.21	.39			.58	.42	.41	.30	.45
4. France				.45	.22	.24	.33				.40	.29	.32	.36
5. Sweden					.32	.19	.28					.46	.38	.38
6. United States						.78	.66						.86	.70
7. Canada							.43							.52
8. United Kingdom														

	Canadian Viewpoint							British Viewpoint						
	2	3	4	5	6	7	8	2	3	4	5	6	7	8
1. Japan	.44	.55	.51	.42	.55	.63	.51	.49	.60	.58	.49	.62	.68	.52
2. Austria		.60	.60	.48	.03	.03	.13		.66	.69	.53	.14	.29	.14
3. West Germany			.72	.62	.46	.36	.48			.78	.67	.60	.51	.51
4. France				.57	.38	.40	.42				.66	.54	.54	.50
5. Sweden					.40	.30	.39					.56	.48	.41
6. United States						.80	.72						.87	.70
7. Canada							.52							.53
8. United Kingdom														

Quelle: BIGER (1979), S. 69.

Bei Verwendung von nationalen Aktienindizes ist aber indirekt die Diversifizierung multinationaler Unternehmen auf Firmenebene enthalten, da die Erträge solcher "Länderportfolios" zu einem großen Teil von multinationalen Firmen erwirtschaftet werden. So weisen z.B. 23 der 30 Großunternehmen, deren Aktienwerte in den amerikanischen Dow-Jones-Industrials-Index eingehen, einen durchschnittlichen Internationalisierungsgrad, gemessen anhand des Anteils im Ausland produzierter und abgesetzter Güter und Dienstleistungen am Gesamtumsatz, von 27 % auf (für die restlichen 7 Firmen waren darüber keine Daten verfügbar). Das Ergebnis stützt daher weniger die Hypothese, daß eine effiziente Diversifizierung durch den individuellen Anleger erfolgen kann, sondern eher die Ansicht, daß "the role of MNC diversification service is to reduce or eliminate the unsystematic risk element and restore a perfect-market type relationship for an international asset pricing".[1)]

Dafür spricht auch, daß es einzelnen Investoren kaum möglich ist, in der durch Transaktionskosten, unvollkommene Information und Kapitalverkehrsbeschränkungen gekennzeichneten Realität einen der Zusammensetzung optimaler internationaler Portfolios entsprechenden Anteil an sämtlichen Anlagen zu halten. GUY (1978) analysierte die institutionellen Kosten internationaler Diversifikation anhand eines Vergleichs britischer Investmentfonds mit hypothetischen Portfolios. Das schlechte Abschneiden der tatsächlich realisierten internationalen Investmentportfolios deutet darauf hin, daß die aus Hemmnissen des Kapitalverkehrs entstehenden Kosten bei der Berechnung potentieller internationaler Diversifikationsvorteile nicht vernachlässigt werden dürfen.[2)]
Muß der Anleger aber das unsystematische Risiko einer einzelnen Anlage in seiner Investitionsentscheidung berücksichtigen, so ergeben sich Anreize für die am Kapitalmarkt

1) ERRUNZA und SENBET (1984), S. 734.

2) Vgl. dazu auch BLACK (1974).

Tabelle 15: Titel des US-amerikanischen Dow-Jones-Industrials-Index und deren "Internationalisierungsgrad" (I)[1)]

Firma	I in %	Firma	I in %
Allied Signal	22	Owens Illinois	15
Alcoa	11	Philip Morris	22
American Can	-[2)]	Procter & Gamble	26
American Express	23	Sears Roebruck	-
AT & T	-	Texaco	47
Bethlehem Steel	-	Union Carbide	29
Chevron	16	United Technologies	20
Du Pont	32	USX	8
Eastman Kodak	30	Westinghouse Electric	8
Exxon	71	Woolworth	40
General Electric	11		
General Motors	17		
Goodyear Tire	33		
IBM	43		
Inco Ltd.	-		
International Paper	-		
McDonald's	23		
Merck	45		
3M	33		
Navistar	-		

1) gemessen anhand des Anteils im Ausland produzierter und abgesetzter Güter und Dienstleistungen am Gesamtumsatz

2) keine Angaben verfügbar

Quelle: International Business Week, Heft v. 21.4.1986.

gehandelten Firmen, ihrerseits internationale Diversifizierung zu betreiben, um durch eine Stabilisierung ihrer Erträge eine Verminderung des "σ_i^2" zu erreichen. Dies gilt um so mehr, wenn das durch unvorhersehbare Schwankungen in einem System flexibler Wechselkurse verstärkt auftretende Wechselkursrisiko vom einzelnen Investor nicht effizient diversifiziert werden kann.

Erkennen die Anleger, daß der Kauf von Anteilen multinationaler Unternehmen internationale Diversifikationsvorteile mit sich bringt, und werden multinationale Unternehmen am heimischen Kapitalmarkt korrekt bewertet, so müßte ihre "risk/return performance" diejenige rein inländischer Firmen übersteigen. Unterscheidet sich andererseits das Kursverhalten von Firmen mit unterschiedlichem Grad an internationaler Verflechtung nicht, muß man davon ausgehen, daß eine internationale Diversifikation für die Bewertung der Firma am Kapitalmarkt keine Rolle spielt.

JAQUILLAT und SOLNIK (1978), die in der Periode 1966 - 74 den Einfluß internationaler Faktoren auf das Aktienkursverhalten amerikanischer Unternehmen schätzten, kamen zu dem Ergebnis, daß sich die Kursentwicklung der MNU's nicht signifikant von der rein nationaler Unternehmen unterscheidet; außerdem erklärte der Gesamteinfluß von acht ausländischen Aktienindizes weniger als 20 % des Kursverhaltens. Die Stichhaltigkeit ihrer Schlußfolgerung, daß die Anlage in Aktien amerikanischer multinationaler Unternehmen kein Substitut für internationale Finanzdiversifikation darstellt, läßt sich allerdings kaum beurteilen, da die Autoren ausländische Aktienrenditen und Wechselkursänderungen als voneinander unabhängige Einflußfaktoren betrachten und die Testperiode von einem Strukturbruch, nämlich den starken Umwälzungen des Weltwährungssystems (Übergang vom Festkurssystem zu einem System flexibler Wechselkurse) geprägt ist.[1)]

Eine Reihe von Studien[2)] zeigt dagegen an, daß ein steigender Anteil internationaler Aktivitäten am Gesamtgeschäft eines Unternehmens (gemessen am Anteil des im Ausland getätigten Umsatzes von Mutter- und Tochtergesellschaften am Gesamtumsatz und/oder am Anteil der Auslandsaktiva und des Nettoeinkommens aus dem Ausland) eine abnehmende Abhängigkeit vom inländischen Kapitalmarkt und damit eine Senkung des systematischen Risikos in Relation zum heimischen Markt mit sich bringt. Darüber hinaus war das unsystematische Risiko, gemessen an der Varianz des Aktienertrages für

---

1) Vgl. dazu auch KOHLHAGEN (1983), S. 133.

2) Vgl. AGGARWAL (1980, 1979); AGMON und LESSARD (1977a); FATEMI (1984); KOHERS (1976, 1975); HUGHES, LOGUE und SWEENEY (1975).

multinationale Unternehmen, signifikant niedriger als für inländisch orientierte Firmen.[1)]

Wenn aber Direktinvestitionen bei Existenz unvollkommener Kapitalmärkte Portfolioinvestitionen ersetzen, bilden die ausschließlich auf Finanzinvestitionen bezogenen Untersuchungen nur einen Teil der Realität ab. Auf der anderen Seite läßt sich eine direkte Anwendung des IAPM auf Direktinvestitionen nicht mit dem Argument vereinbaren, daß Direktinvestitionen durch Marktunvollkommenheiten begründet werden und spezielle Charakteristika von Direktinvestitionen berücksichtigt werden müssen.[2)] Die Ausschöpfung internationaler Diversifikationsmöglichkeiten auf Firmenebene muß deshalb noch auf andere Art und Weise getestet werden.

Unvollkommenheiten der Güter- und Faktormärkte spiegeln sich in einem höheren Gegenwartswert der erwarteten zukünftigen Erträge eines multinationalen gegenüber einem nationalen Unternehmen wider, während als Resultat unvollkommener Finanzmärkte unsichere zukünftige cash flows mit einer relativ niedrigeren (von den Anlegern geforderten) Diskontrate kapitalisiert werden können.[3)] Beides kommt in einem höheren Marktwert der Firma, also in einem höheren Aktienkurs, zum Ausdruck, so daß potentielle Diversifikationsvorteile von Monopolgewinnen kaum empirisch getrennt werden können.

---

1) Dabei ist natürlich zu berücksichtigen, daß alle empirischen Studien dieser Art vor dem Problem stehen, auf ex-post-Daten zurückgreifen zu müssen, obwohl die Theorie auf ex-ante-Erwartungen beruht. "Unless one is prepared to reject the most rudimentary notions about risk aversion, it follows at least some of the measured ex post values do not adequately reflect ex ante predictions. ... Any test using ex post values is a joint test of a theory of asset pricing and a model of a return-generating process." SHARPE (1978), S. 918. Vgl. auch MATHUR und HANAGAN (1983), S. 136; sowie KOHLHAGEN (1983), S. 133.

2) Nimmt man an, daß multinationale Unternehmen Vehikel für den Transfer firmenspezifischer Vorteile darstellen, so läßt sich die Ertragsrate eines internationalen Marktportfolios nicht ermitteln, da ein Markt für die Bewertung unternehmensspezifischer Vorteile fehlt. Vgl. RUGMAN (1977), S. 490, und (1979), S. 55.

3) Vgl. AGMON und LESSARD (1977b), S. 198.

ERRUNZA und SENBET (1981) versuchen, die Existenz solcher Monopolrenten anhand der Höhe des sog. "excess value", definiert als Differenz zwischen dem totalen Marktwert (Marktwert des Eigenkapitals plus Buchwert der langfristigen Verbindlichkeiten) und dem Buchwert der Aktiva zu schätzen. In den Zeiträumen 1968 - 73 und 1974 - 77 ergab sich, bereinigt um Marktstrukturvariablen, jeweils ein systematischer positiver Zusammenhang zwischen dem Internationalisierungsgrad einer Firma, gemessen am Auslandsumsatz, Nettoauslandsvermögen und Nettoeinkommen aus dem Ausland, und "excess value".

In einer OLS-Querschnittsuntersuchung für 245 amerikanische Unternehmen in den Jahren 1961, 1965 und 1968 testeten MILLER und PRAS (1980) den Einfluß der risikomindernden Strategien Produkt-, Export- und multinationale Diversifizierung auf die Stabilität des Unternehmensertrages (alternativ gemessen an der Varianz des Verhältnisses Nettogewinn bzw. Betriebsergebnis zur Bilanzsumme). Nur die multinationale Diversifikation wies einen signifikanten Stabilisierungseffekt auf, im Gegensatz zur Produkt- und Exportdiversifizierung. Damit unterstützt die Studie die Hypothese, daß Direktinvestitionen eine risikomindernde Strategie für das Gesamtunternehmen darstellen.[1] Die Untersuchungsresultate bestätigen außerdem die Methode der Autoren, für die Analyse des Einflusses makroökonomischer Schwankungen als relevante geographische Einheiten nicht einzelne Länder, sondern Gruppierungen (EG, EFTA, Nordamerika) zu wählen.[2]

---

1) Auch LESSARD (1976) kommt in seiner Studie über die Struktur von Aktienertragsraten zu dem Ergebnis, daß länderspezifische Faktoren einen größeren Einfluß ausüben als die Branchenzugehörigkeit.

2) Als Hilfsvariable zur Messung der multinationalen Diversifizierung verwenden die Autoren das Entropiemaß $D = s_i \ln \frac{1}{s_i}$, wobei s_i das Verhältnis der Tochtergesellschaften in Region i zur Gesamtzahl ausländischer Tochtergesellschaften darstellt. Der Vorteil des Entropiemaßes ist, daß es nicht nur die Anzahl der Länder wiedergibt, in denen eine Firma Tochtergesellschaften unterhält, sondern auch die Verteilung der Tochtergesellschaften in jedem Land.

Eine andere Möglichkeit, "reale" Diversifikationsvorteile multinationaler Firmen zu erfassen, besteht in der Berechnung der Korrelation zwischen Güter- und Faktormärkten verschiedener Länder, auf denen sich solche Unternehmen betätigen. Für ausgewählte Indizes (Index der Industrieproduktion bzw. der Lohneinkommen) stellte RUGMAN (1979, 1977, 1976) hier im Vergleich zu Finanzindikatoren niedrigere Korrelationskoeffizienten zwischen den wichtigsten Industrieländern fest. Nach Bereinigung um Marktstrukturfaktoren wie Branchenzugehörigkeit und Firmengröße ließ sich zeigen, daß Auslandsaktivitäten das Risiko, gemessen in Schwankungen des Unternehmensgewinns, signifikant reduzieren.[1)]

Wenn das System flexibler Wechselkurse eine größere Unabhängigkeit der einzelnen Volkswirtschaften von ausländischer Wirtschaftspolitik und deren Auswirkungen auf makroökonomische Größen erlaubt, so muß sich dieser Stabilisierungseffekt ab 1973 verstärkt haben.

Ein von BREWER und MILLER (1979) durchgeführter Vergleich der Aktienrenditen (definiert als monatliche Veränderungsraten der Aktienkurse) von 151 amerikanischen multinationalen und 127 überwiegend nationalen Unternehmen zeigt denn auch für den Zeitraum 1971 - 73, der durch den Übergang zum System flexibler Wechselkurse und großer Instabilität des Weltwährungssystems gekennzeichnet ist, sowie für die Periode 1974 - 75 mit der Etablierung des "dirty float"-Systems eine Aufwärtsbewegung der Ertragsraten der Aktien multinationaler Unternehmen gegenüber denen der inländisch orientierten Firmen. Dies deutet darauf hin, daß die Anteilswerte multinationaler Unternehmen in Zeiten hoher Wechselkursrisiken bevorzugt gehalten werden.

Zusammenfassend läßt sich aus dem Vorangegangenen sagen, daß die Risikodiversifikation als monokausale Erklärung der Existenz multinationaler Unternehmen sicherlich nicht angesehen

---

1) Vgl. RUGMAN (1979), S. 55 ff.

werden kann. In den seltensten Fällen würde sich eine Firma bei der Standortwahl für ihre Auslandsniederlassungen als optimal diversifiziertes Portfolio darstellen. Da ein vorhandenes Diversifikationsmotiv gemeinsam mit den aus Unvollkommenheiten der Güter- und Faktormärkte resultierenden Determinanten das Expansionsmuster multinationaler Firmen bestimmt, läßt es sich außerdem empirisch kaum isolieren.[1] Für die Dominanz firmenspezifischer Bestimmungsgründe spricht auch, daß fast alle Direktinvestitionen in Form von horizontaler oder vertikaler Integration vorgenommen werden, aber nicht als konglomerate Diversifizierung.[2]

Es gibt aber empirische Anhaltspunkte dafür, daß die interne Diversifizierung von Unternehmen nach Ländern und Währungen zunehmend an Bedeutung gewonnen hat.

5.3.2 Zusammenhang zwischen Internationalisierungsgrad einer Firma und ihrer ausländischen Umsatzrendite

Da man nicht voraussetzen kann, daß individuelle Investoren ihre eigenen Portfolios innerhalb eines integrierten internationalen Kapitalmarktes vollständig diversifizieren können, dürfen Unternehmen die erwartete Ertragsrate einer Investition nicht nur in Relation zu ihrem systematischen Marktrisiko beurteilen, ohne den eigenen Diversifikationsgrad einzubeziehen. Soweit die multinationale Firma aber

---

1) Das gewichtigste Problem bei der Schätzung von Direktinvestitionen im Rahmen eines Portfoliomodells besteht in der Bewertung des ausländischen Realkapitalbestandes anhand von Buchwerten anstatt von Marktwerten. Außerdem erfolgt die Planung der Direktinvestitionen mit unbekanntem time-lag zwischen Festlegung von Investitionsmitteln, Verausgabung und schließlich Anpassung des Kapitalbestandes. Die Schwierigkeit liegt hier darin, in der Regression die letzte Stufe dieser Sequenz auf die Variablen erwarteter Ertrag, Risiko etc. zu beziehen, obwohl die eigentliche Kausalbeziehung zwischen Mittelbewilligung und den unabhängigen Variablen besteht. Vgl. dazu PRACHOWNY (1972), S. 452.

2) Vgl. HENNART (1982), S. 75 f.; und auch CAVES (1971).

eine Art integrierten Kapitalmarkt darstellt, brauchen die Kapitalkosten ausländischer Investitionen nicht unabhängig voneinander bestimmt zu werden, sondern nur entsprechend ihres Risikobeitrages zum Gesamtunternehmen.[1] Dies impliziert, daß die Risikoprämien bei der Berechnung von Mindestrenditen für Auslandsprojekte niedriger sein können als bei "uninationalen" Firmen, wenn die risikomindernden Effekte der internationalen Diversifizierung realer Assets einbezogen werden.[2] Dem Portfolioansatz kommt somit bei der Ermittlung der Kapitalkosten eines multinationalen Unternehmens Bedeutung zu.

Die Beziehung zwischen Multinationalität einer Firma und der Rendite ihrer Auslandsinvestitionen läßt sich aufgrund fehlender Daten auf Firmenebene nicht direkt überprüfen. Da aber für 121 US-amerikanische Unternehmen Angaben über ihre im Jahre 1985 erzielten Gewinne und Umsätze von im Ausland produzierten und abgesetzten Gütern vorliegen, wurde in dieser Arbeit versucht, einen solchen Zusammenhang zwischen ausländischer Umsatzrendite als Quotient aus Auslandsgewinn vor Steuern und Auslandsumsatz (UMSREND) und Internationalisierungsgrad einer Firma, gemessen an der Höhe ihres Auslandsumsatzes (FOR SAL),[3] anhand einer OLS-Querschnittsanalyse zu testen.[4] Danach würde eine hohe Auslandsproduktion bessere Diversifikationsmöglichkeiten mit sich bringen und deswegen tendenziell einen negativen Einfluß auf die im Ausland erwirtschaftete Umsatzrendite ausüben, soweit dort ein Risikozuschlag berücksichtig wird.

---

1) Vgl. GIDDY (1981), S. 264.

2) Siehe auch SHAPIRO (1982), S. 490 f.

3) Alle einbezogenen Unternehmen unterhalten in mindestens zwei der vier Regionen Canada/Latin America, Europe, Far East/Pacific "foreign not classified" Auslandsniederlassungen.

4) Die verwendeten Daten stammen aus International Business Week, Ausgabe vom 21.4.1986, und sind im Anhang aufgeführt.

In die Regressionsgleichung wurde als zusätzliche Variable die gesamte Umsatzrendite (T UMSREN) aufgenommen, um die branchenbedingten Unterschiede in den Umsatzrenditen zu erfassen. Da Auslandsinvestitionen überwiegend in den gleichen Wirtschaftszweigen stattfinden, denen die jeweiligen Muttergesellschaften zuzuordnen sind, ist die erwartete Beziehung zwischen UMS REND und T UMSREN positiv.

Tabelle 16: Zusammenhang zwischen ausländischer Umsatzrendite und Multinationalität

OLS - Abhängige Variable: ums rend

Unabhängige Variable	Regressions-koeffizient	Standard fehler	T-Wert
1 for sal	-0.000152056	(0.000089)	T = -1.70954
2 t umsren	0.513281252	(0.182075)	T = 2.81907
3 Constant	8.425594887	(1.207682)	T = 6.97667

Stichprobenumfang	=	121
F-Statistic (2, 118)	=	5.683628
R^2	=	0.087868

In Tabelle 16 ist für das Jahr 1985 die OLS-Schätzung für den Ansatz

$$\text{UMS REND} = \alpha_0 + \alpha_1 \text{ FOR SAL} + \alpha_2 \text{ T UMSREN} + u$$

wiedergegeben. Alle Regressionskoeffizienten weisen die erwarteten Vorzeichen auf, wobei allerdings der Koeffizient von FOR SAL nur auf dem 90 %-Niveau gegen die Nullhypothese gesichert ist.

Eine mögliche Erklärung für die relativ geringe Signifikanz der Variable FOR SAL liegt darin, daß die relative Höhe des Auslandsumsatzes im Verhältnis zum Gesamtumsatz nicht einbezogen wurde. Bei gegebenem Umfang des Auslandsumsatzes stellt ein zunehmender Anteil des Auslandsengagements im Gesamtgeschäft des Unternehmens einen risikoerhöhenden Faktor dar, weil sich die Diversifikationsmöglichkeiten zwischen In- und Ausland verschlechtern. Um diesen Effekt zu isolieren, wurde die gleiche Schätzung nochmals für eine Untergruppe des Firmen-Samples vorgenommen, in die sämtliche Unternehmen mit einem Anteil des Auslandsumsatzes am Gesamtumsatz von über 40 % eingehen. Eine derart hohe Abhängigkeit vom Auslandsgeschäft impliziert, daß die geforderte ausländische Risikoprämie um so höher sein müßte, je niedriger die absolute Höhe des Auslandsumsatzes ist. Tatsächlich steigt die Signifikanz des t-Wertes von FOR SAL auf das Niveau von mindestens 95 %, ebenso liegt das Bestimmtheitsmaß R^2 mit einem Wert von 0,5329 wesentlich über demjenigen der ersten Regressionsgleichung (vgl. Tabelle 17).

<u>Tabelle 17:</u> Zusammenhang zwischen ausländischer Umsatzrendite und Multinationalität unter Berücksichtigung der relativen Auslandsabhängigkeit

OLS - Abhängige Variable: ums rend

Unabhängige Variable	Regressions-Koeffizient	Standard fehler	T-Wert
1 for sal	-0.000122733	(0.000050)	T = -2.45808
2 t umsren	0.761877884	(0.185502)	T = 4.10712
3 Constant	6.843958084	(1.368256)	T = 5.00196

Stichprobenumfang	=	25
F-Statistik (2, 22)	=	12.549155
R^2	=	0.532892

Damit widerlegen die oben aufgeführten empirischen Resultate trotz aller Problematik bezüglich der korrekten Spezifikation der Variablen zumindest nicht die theoretisch postulierten Zusammenhänge.

5.4 Ansätze zur Einbeziehung des Wechselkursrisikos in das Optimierungskalkül multinationaler Firmen

5.4.1 Vorbemerkungen

Wenn die Allokation des zur Verfügung stehenden Kapitals innerhalb des Unternehmens erfolgt, ist es notwendig, das Risiko von Investitionsalternativen in die Entscheidung darüber einzubeziehen, ob Auslandsengagements ausgeweitet, begrenzt oder zwischen verschiedenen Ländern umgeschichtet werden.[1] Neben institutionell und politisch bedingten Marktunvollkommenheiten, die ein multinationales Unternehmen mittels seines "internen Kapitalmarktes" besser umgehen kann als ein individueller Anleger, gibt es einen weiteren Grund, warum trotz gut entwickelter Finanzmärkte eine firmeninterne Optimierung unter Unsicherheit profitabler sein kann. Eine ex post-Optimierung verlangt zumindest in einigen Ungewißheitssituationen eine zentralisierte Managementkontrolle, so z.B. die Fähigkeit, bei Eintreten von Wechselkursänderungen die Produktion zwischen verschiedenen Standorten zu verlagern. Die finanzielle Risikodiversifikation bildet in diesem Sinn nur einen kleineren Teil der aus einer umfassenden Risikostrategie resultierenden Internalisierungsvorteile eines multinationalen Unternehmens.

Da sich Wechselkursänderungen in den realen Erträgen sämtlicher Firmenaktiva niederschlagen können, umfaßt eine darauf abgestimmte Unternehmenspolitik außer der Preisgestaltung die Export- bzw. Importstrategie sowie die Standort-

---

1) Aus der Beobachtung, daß die durchschnittliche Abweichung des Terminkurses vom zukünftigen Kassadevisenkurs gegen Null geht, wenn die Zahl der Beobachtungen, die den Durchschnitt bilden, ansteigt, zieht ALIBER (1978, speziell S. 135 f.) den Schluß, zumindest bei langfristigen Aktiva und Passiva müßte in einer längerfristigen Betrachtungsperiode kein Wechselkursrisiko berücksichtigt werden. Diese Argumentation ist nicht stichhaltig, da sie voraussetzt, daß Aktionäre oder Management risikoneutral sind und sich nur an langfristigen Erwartungswerten orientieren. Vgl. dazu auch ADLER und DUMAS (1983), S. 970.

und Finanzierungspolitik.[1] Zwei unterschiedliche Aspekte sollen in diesem Zusammenhang analysiert werden. Einmal läßt sich mit Hilfe der Portfoliotheorie das optimale Verhältnis von ausländischem Kapitalbestand und seiner Finanzierung im Ausland ableiten; unterstellt wird dabei, daß die Firma den erwarteten Nutzen des Aktionärsvermögens bei ihren Investitionsentscheidungen maximiert. Zum anderen wird zur Erklärung der "operativen" Entscheidungen das neoklassische Modell einer multinationalen Firma aufgegriffen, die als risikoaverses Unternehmen den erwarteten Nutzen ihres globalen Gewinns maximiert - die Entscheidungsvariablen sind dann Produktionsniveau und Absatz in Stamm- und Anlageländern sowie das Volumen des Intrafirmen-Handels.

5.4.2 Ein Portfoliomodell für internationale Direktinvestitionen

5.4.2.1 Das Modell

Im folgenden soll das aggregierte Investitions- und Finanzierungsverhalten einer Firma bei ungewissen in- und ausländischen Ertragsraten und Wechselkurs anhand eines Risikominimierungskalküls untersucht werden.[2] Hierfür läßt sich das Modell der effizienten Portfoliodiversifizierung eines individuellen Anlegers auf eine Firma übertragen, welche Aktiva und Passiva in verschiedenen Währungen zum Zwecke der Verringerung ihres ökonomischen Wechselkursrisikos erwirbt. Das Interesse der Anteilseigner an der Stabilität des Gesamtunternehmensertrages impliziert dabei, daß die Firma das Finanzierungsrisiko nicht unabhängig vom Risiko ihrer Realinvestitionen setzen darf, wenn sie ihr Gesamtrisiko minimieren will.[3]

---

1) Vgl. auch DUFFEY (1972), S. 56.

2) Vgl. zum gewählten Modellansatz HARTMAN (1979).

3) Eine ausschließliche Betrachtung optimaler Finanzierung, wie dies in den Modellen von GOLDSBROUGH (1979) und JUCKER und DE FARO (1975) geschieht, ist nur dann plausibel, wenn man die Separierbarkeit von Finanz- und Investitionsentscheidungen nach dem MODIGLIANI-MILLER-Theorem akzeptiert. Mit - hier unterstellten - Unvollkommenheiten der Kapitalmärkte läßt sich eine solche Trennung nicht vereinbaren.

Zur Vereinfachung des Problems seien nur zwei Währungsregionen angenommen, repräsentiert durch das Inland, Land 1, und ein Land 2. Die Anteilseigner seien nur am in Inlandswährung berechneten Firmenertrag interessiert, so daß erwarteter Ertrag und Risiko des Investitionsportfolios nicht anhand eines Währungskorbes, sondern einfach in Inlandswährung gemessen werden können. Inflation sei in beiden Regionen vernachlässigbar.

Die Investitions- und Finanzierungsentscheidung unter Unsicherheit werde für die drei risikobehafteten Assets Realkapitalanlage im Inland, K_1, Realkapitalbestand im Ausland, K_2, und Auslandskreditaufnahme (oder -vergabe) in Höhe von $-B_2$ getroffen. Zusätzlich wird ein risikofreies Wertpapier (z.B. eine inländische langfristige Staatsschuldverschreibung) aufgenommen, dessen Ertrag i_1 Opportunitätskosten für die Risikoanlagen darstellt, so daß das Modell explizit nur die risikobehafteten Anlagealternativen einbeziehen muß. Sämtliche risikobehafteten Ertragsraten werden als Risikozuschlag über den risikofreien Zinssatz (nach Steuern) in Inlandswährung ausgedrückt:

(1) $i_2^n \equiv i_2 - i_1$

(2) $r_1^n \equiv r_1 - i_1$

(3) $r_2^n \equiv r_2 - i_1$

r_1 und r_2 bezeichnen die Renditen von in- und ausländischem Realkapitalbestand, i_2 den Zinssatz der Auslandsschuldverschreibung (bzw. Finanzanlage).

Zu ermitteln ist nun die Zusammensetzung eines effizienten "minimum-variance"-Portfolios, indem man bei gegebenem Erwartungswert des Ertrages das Risiko des Gesamtportfolios, ausgedrückt als Varianz des Portfolios, minimiert.

Mathematisch läßt sich dies folgendermaßen formulieren:

Minimiert wird die Funktion $V = x'\Omega x$, also

$$(4)\quad V = (K_1 K_2 B_2) \begin{pmatrix} \sigma^2_{r_1} & \sigma_{r_1 r_2} & \sigma_{r_1 i_2} \\ \sigma_{r_1 r_2} & \sigma^2_{r_2} & \sigma_{r_2 i_2} \\ \sigma_{r_1 i_2} & \sigma_{r_2 i_2} & \sigma^2_{i_2} \end{pmatrix} \begin{pmatrix} K_1 \\ K_2 \\ B_2 \end{pmatrix}$$

unter der Nebenbedingung

$$(5)\quad (K_1 K_2 B_2) \begin{pmatrix} \bar{r}^n_1 \\ \bar{r}^n_2 \\ \bar{i}^n_2 \end{pmatrix} = \mu_0 - p i_1 \ ,$$

wobei x einen Vektor der Quantitäten der risikobehafteten Assets und Ω die Varianz-Kovarianz-Matrix ihrer Nettoertragsraten darstellt. $\bar{r}^n_1$, $\bar{r}^n_2$ und $\bar{i}^n_2$ geben die Erwartungswerte der Risikozuschläge an, den vorgegebenen Erwartungswert des gesamten Portfolioertrages und p das Anlagevolumen des Portfolios.

Zur Lösung des Problems bildet man die Lagrange-Funktion

$$(6)\qquad L = V + \lambda(\mu_0 - p i_1 - K_1 \bar{r}^n_1 - K_2 \bar{r}^n_2 - B_2 \bar{i}^n_2)$$

und differenziert sie nach den zu bestimmenden Größen K_1, K_2, B_2 sowie dem Lagrange-Multiplikator λ.

Setzt man alle ersten Ableitungen gleich Null, so erhält man für die optimalen Werte der risikobehafteten Assets

$$(7)\qquad \begin{pmatrix} K^*_1 \\ K^*_2 \\ B^*_2 \end{pmatrix} \begin{pmatrix} \sigma^2_{r_1} & \sigma_{r_1 r_2} & \sigma_{r_1 i_2} \\ \sigma_{r_1 r_2} & \sigma^2_{r_2} & \sigma_{r_2 i_2} \\ \sigma_{r_1 i_2} & \sigma_{r_2 i_2} & \sigma^2_{i_2} \end{pmatrix} = \lambda \begin{pmatrix} \bar{r}^n_1 \\ \bar{r}^n_2 \\ \bar{i}^n_2 \end{pmatrix}$$

Daraus ergibt sich das risikominimale Niveau von inländischem Kapitalbestand, ausländischem Realkapital und Auslandsfinanzierung als

$$(8)\quad K_1^* = \lambda[(\bar{r}_1-i_1)(\sigma^2_{r_2}\sigma^2_{i_2}-\sigma^2_{r_2 i_2}) - (\bar{r}_2-i_1)(\sigma^2_{i_2}\sigma_{r_1 r_2}-\sigma_{r_1 i_2}\sigma_{r_2 i_2}) + (\bar{i}_2-i_1)(\sigma_{r_1 r_2}\sigma_{r_2 i_2}-\sigma^2_{r_2}\sigma_{r_1 i_2})]/D$$

$$(9)\quad K_2^* = -\lambda[(\bar{r}_1-i_1)(\sigma^2_{i_2}\sigma_{r_1 r_2}-\sigma_{r_1 i_2}\sigma_{r_2 i_2}) - (\bar{r}_2-i_1)(\sigma^2_{r_1}\sigma^2_{i_2}-\sigma^2_{r_1 i_2}) + (\bar{i}_2-i_1)(\sigma^2_{r_1}\sigma_{r_2 i_2}-\sigma_{r_1 r_2}\sigma_{r_1 i_2})]/D$$

$$(10)\quad -B_2^* = -\lambda[(\bar{r}_1-i_1)(\sigma_{r_1 r_2}\sigma_{r_2 i_2}-\sigma^2_{r_2}\sigma_{r_1 i_2}) - (\bar{r}_2-i_1)(\sigma^2_{r_1}\sigma_{r_2 i_2}-\sigma_{r_1 i_2}\sigma_{r_1 r_2}) + (\bar{i}_2-i_1)(\sigma^2_{r_1}\sigma^2_{r_2}-\sigma^2_{r_1 r_2})]/D$$

$$\text{mit } D = \sigma^2_{r_1}(\sigma^2_{r_2}\sigma^2_{i_2}-\sigma^2_{r_2 i_2}) - \sigma_{r_1 r_2}(\sigma^2_{i_2}\sigma_{r_1 r_2}-\sigma_{r_1 i_2}\sigma_{r_2 i_2}) + \sigma_{r_1 i_2}(\sigma_{r_1 r_2}\sigma_{r_2 i_2}-\sigma^2_{r_2}\sigma_{r_1 i_2})$$

Ein positiver Wert von (10) impliziert dabei eine Nettoauslandsverschuldung.

Um das tatsächlich gewählte Portfolio aus der Menge aller effizienten Möglichkeiten bestimmen zu können, müßte die Risikoaversion der repräsentativen Firma bekannt sein, die im Lagrange-Multiplikator λ zum Ausdruck kommt. Dieser gibt die Grenzrate der Substitution zwischen erwartetem Portfolioertrag und Varianz des Gesamtportfolios an.

Mit einigen vereinfachenden Annahmen läßt sich aber die Beziehung zwischen optimalem ausländischen Kapitalstock und optimaler Auslandsfinanzierung als leicht interpretierbarer Ausdruck darstellen. Zunächst sei angenommen, daß der durchschnittliche ausländische Festzinssatz für Schuldverschreibungen in Inlandswährung dem inländischen risikofreien Zinssatz entspricht, die erwarteten realen Kreditkosten also für beide Länder gleich hoch sind. Da der Wechselkurs als Zufallsvariable aufgefaßt wird, unterliegt der Auslandszinssatz einem Risiko aufgrund unerwarteter Wechselkursänderungen, so daß i_2 aufgespalten werden kann in:

(11) $$i_2 \equiv \hat{i}_2 + e$$

mit e als stochastischer Wechselkurskomponente und $\hat{i}_2$ als gegebenem Auslandszinssatz in ausländischer Währung

Bildet Land 2 nur einen kleinen Teil des Weltmarktes, so kann man weiterhin unterstellen, daß Wechselkursschwankungen zwischen Land 1 und Land 2 die Nettoertragsraten des inländischen Realkapitals nicht signifikant beeinflussen. Ob diese Annahme realistisch ist, hängt davon ab, wie groß das Handelsvolumen der Firma mit Land 2 ist, wie hoch mithin ihr Export- und Importanteil ist. Zumindest läßt sich aber sagen, daß in den meisten Fällen dem Wechselkurs im Vergleich zu anderen Determinanten der Investitionsentscheidung im Inland nur eine geringere Bedeutung zukommt.

Aus diesen Annahmen folgt

(12) $$\bar{i}_2 = i_1$$

(13) $$\sigma^2_{i_2} = \sigma^2_e$$

(14) $$\sigma_{r_2 i_2} = \sigma_{r_2 e}$$

(15) $$\sigma_{r_1 i_2} = 0, \text{ da } \sigma_{r_1 e} = 0$$

Danach ergibt sich für die Gleichungen (8) - (10):

$$(16)\quad K_1^* = \lambda[(\bar{r}_1 - i_1)(\sigma^2_{r_2}\sigma^2_e - \sigma_{r_2 e}) - (\bar{r}_2 - i_1)\sigma^2_e \sigma_{r_1 r_2}]/D$$

$$(17)\quad K_2^* = -\lambda[(\bar{r}_1 - i_1)\sigma^2_e \sigma_{r_1 r_2} - (\bar{r}_2 - i_1)\sigma^2_{r_1}\sigma^2_e]/D$$

$$(18)\quad -B_2^* = -\lambda[(\bar{r}_1 - i_1)\sigma_{r_1 r_2}\sigma_{r_2 e} - (\bar{r}_2 - i_1)\sigma^2_{r_1}\sigma_{r_2 e}]/D$$

mit $D = \sigma^2_{r_1}(\sigma^2_{r_2}\sigma^2_e - \sigma^2_{r_2 e}) - \sigma^2_{r_1 r_2}\sigma^2_e$

Aus (16) und (17) läßt sich nun, unabhängig von der jeweiligen Risikoaversion, herleiten, in welchem Ausmaß ausländische Direktinvestitionen durch Auslandsverschuldung finanziert werden:

$$(19)\quad \frac{-B_2^*}{K_2^*} = \frac{\sigma_{r_2 e}[\sigma_{r_1 r_2}(\bar{r}_1 - i_1) - \sigma^2_{r_1}(\bar{r}_2 - i_1)]}{\sigma^2_e[\sigma_{r_1 r_2}(\bar{r}_1 - i_1) - \sigma^2_{r_1}(\bar{r}_2 - i_1)]} = \frac{\sigma_{r_2 e}}{\sigma^2_e}$$

Der Ausdruck $\sigma_{r_2 e}/\sigma^2_e$ bzw. $\sigma_{r_2}\rho_{r_2,e}/\sigma_e$ ($\rho_{r_2,e}$ bezeichnet den Korrelationskoeffizienten zwischen r_2 und e) und kann als Maß dafür aufgefaßt werden, wie gut der Gegenwartswert von Auslandserträgen erwartungsgemäß bei Wechselkursfluktuationen erhalten werden kann. Er gibt an, inwieweit die (in inländischer Währung ausgedrückte) ausländische Ertragsrate von Wechselkursbewegungen beeinflußt wird, spiegelt also die Reagibilität der Outputpreise und Produktionskosten in bezug auf Wechselkursänderungen wider. Dabei ist jeder Wert zwischen den beiden Extremfällen vorstellbar, die jetzt diskutiert werden.

Ist der Ausdruck gleich Eins, so entspricht das einer Situation, in der sich Wechselkursänderungen in voller Höhe auf die in Inlandswährung berechneten Auslandserträge niederschlagen; die im Ausland anfallenden Erträge wären unabhängig von Wechselkursschwankungen. In diesem Fall würden sämtliche ausländischen Realinvestitionen durch Auslandskreditaufnahme finanziert werden, wären also nicht mit einem Nettokapitalexport verbunden.

$\sigma_{r_2 e}/\sigma_e^2$ gleich Null impliziert andererseits, daß keine Änderung der in Inlandswährung denominierten Auslandserträge eintritt, wenn sich der Wechselkurs verändert. Wechselkursbewegungen als Änderungen relativer Preise spiegeln sich perfekt in Veränderungen der Einkommensströme aus dem ausländischen Kapitalstock wider. Dies bedeutet, daß bei gleichen durchschnittlichen Kreditkosten in beiden Ländern keine Auslandsfinanzierung des ausländischen Realkapitals stattfindet; die externe Kapitalbildung schlägt sich dann in einem Nettokapitalexport des Inlandes nieder.

Welche der beiden Extremsituationen die Realität zutreffender beschreibt, hängt davon ab, wie hoch der Anteil nicht handelbarer, inländischer Güter sowohl am Umsatz als auch an den Inputfaktoren des Auslandsstandortes ist. Da der Faktor Arbeit einen wesentlichen Bestandteil der Produktionskosten ausmacht, und Tochtergesellschaften im Ausland Importgüter hauptsächlich von ihrer Muttergesellschaft beziehen, werden Wechselkursschwankungen in den meisten Fällen die ausländischen Produktionskosten in Auslandswährung wenig beeinflussen. Berücksichtigt man weiterhin, daß sich multinationale Unternehmen zumindest in der Verarbeitenden Industrie häufig in einer oligopolitischen Wettbewerbssituation befinden und deshalb Marktmacht ausüben, so wird der Einfluß von Wechselkursschwankungen auf den lokalen Umsatz ebenfalls verhältnismäßig gering sein. Daraus folgt, daß solche multinationalen Unternehmen bei Wechselkursunsicherheit tendenziell eine möglichst weitgehende Auslandsfinanzierung ihres ausländischen Kapitalbestandes vornehmen.

Liegt dagegen der lokale Inputwert wesentlich über oder unter dem Umsatz in diesem Land oder sind Endprodukte der Tochtergesellschaft homogene, international handelbare Güter, so werden Wechselkursänderungen die Auslandserträge einer Firma beeinflussen und (bei gleichen Finanzierungskosten) einen relativ höheren Kapitalexport von der Muttergesellschaft in das Ausland induzieren.

Zuletzt soll noch die Frage untersucht werden, wie sich fehlende Finanzierungsmöglichkeiten im Ausland auf die optimale Höhe an Auslandsinvestitionen auswirkt.

Gleichung (7) modifiziert sich dann zu

$$(20) \qquad \begin{pmatrix} \hat{K}_1^* \\ \hat{K}_2^* \end{pmatrix} \lambda \begin{pmatrix} \sigma^2_{r_1} & \sigma_{r_1 r_2} \\ \sigma_{r_1 r_2} & \sigma^2_{r_2} \end{pmatrix} = \begin{pmatrix} \bar{r}_1 - i_1 \\ \bar{r}_2 - i_1 \end{pmatrix}$$

und für $\hat{K}_2^*$ ergibt sich daraus

$$(21) \qquad \hat{K}_2^* = \frac{\lambda [(\bar{r}_2 - i_1)\sigma^2_{r_1} - (\bar{r}_1 - i_1)\sigma_{r_1 r_2}]}{\sigma^2_{r_1}\sigma^2_{r_2} - \sigma^2_{r_1 r_2}}$$

Kann eine Kreditaufnahme im Ausland nicht durchgeführt werden, so zeigt ein Vergleich von (17) mit (21), daß bei jedem Erwartungswert des Ertrages das risikominimale Niveau der Auslandsinvestitionen eindeutig reduziert wird, da immer gilt:

$$\frac{\sigma^2_{r_2 e}\sigma^2_{r_1}}{\sigma^2_e} > 0,$$

der Nenner in (17) also immer kleiner ist als in Gleichung (21)

Die Möglichkeit einer Finanzierung im Ausland bildet also einen definitiven Anreiz für ausländische Direktinvestitionen.

Diese Schlußfolgerung gilt auch dann, wenn ausländischer Festzinssatz (in Inlandswährung) und die Ertragsraten des im Ausland investierten Realkapitals negativ korreliert sind. Aus Gleichung (19) wird ersichtlich, daß in diesem Fall statt Auslandsverschuldung ($B_2^* < 0$) eine Anlage in ausländischen festverzinslichen Wertpapieren ($B_2^* > 0$) optimal ist, solange die Firma einem Risikominimierungskalkül bei vorgegebenem Nettoertrag des Gesamtportfolios folgt.[1] Nur bei dieser Modellkonstellation werden von der Firma neben Direktinvestitionen trotz internationalem Zinsausgleich gleichzeitig auch Portfolioinvestitionen in festverzinslichen Titeln durchgeführt.

Als Ergebnis läßt sich außerdem festhalten, daß Auslandsverschuldung auch dann stattfinden kann, wenn die durchschnittlichen Finanzierungskosten im Ausland höher sind, es sei denn, das Wechselkursrisiko ist unverbunden mit den anderen im Modell angeführten Risiken.

5.4.2.2 Finanzierungsverhalten multinationaler Unternehmen

Eine direkte empirische Überprüfung der im vorherigen Abschnitt abgeleiteten Hypothesen läßt sich aufgrund des fehlenden Datenmaterials über die Finanzierungsstruktur ausländischer Tochtergesellschaften nicht durchführen. Zum einen existiert keine differenzierte Aufschlüsselung nach Industriebranchen, um die Außenhandelsabhängigkeit von Produktionskosten und Erlösen feststellen zu können. Da in den spärlich vorhandenen Statistiken zur Finanzierungsposition multinationaler Unternehmen alle Auslandsgesellschaften aus verschiedenen Ländern zu dem Aggregat "ausländische Tochtergesellschaften" zusammengefaßt werden, kann unter Berücksichtigung der inländischen Zinssätze der Zusammenhang zwischen bilateralen Wechselkursschwankungen und Kapitalzusammensetzung der Auslandsniederlassung eines Landes in einem anderen Land nicht ermittelt werden. Darüber hinaus sind auch Aggregatgrößen nur für einige wenige Jahre verfügbar. Es lassen sich deshalb nur grobe Indizien für eine Bestätigung der Modellergebnisse angeben.

---

1) Das Verhältnis $-B_2^*/K_2^*$ würde bei $\sigma_{r_2 i_2} < 0$ negativ werden. Ein sinnvoller Ausdruck ergibt sich nur, wenn B_2^* ein Aktivum bezeichnet, also positiv ist.

Die einzigen Angaben über das Finanzierungsverhalten deutscher multinationaler Unternehmen finden sich in der 1975/76 durchgeführten Unternehmensbefragung des HWWA-Instituts.[1) Von den in Tabelle 18 erfaßten 18 Unternehmen[2) der Verarbeitenden Industrie haben im Jahr 1974 zehn über 50 % ihrer Auslandsinvestitionen im Ausland finanziert. Der zeitliche Vergleich der Angaben in Tabelle 18 macht deutlich, daß mit zunehmender Internationalisierung der Unternehmen auch eine Verstärkung der Auslandsfinanzierung zu erwarten ist. Neben der besseren Verfügbarkeit von Kapital auf den internationalen Kapitalmärkten wurde hierbei als Motiv für eine möglichst weitgehende Auslandsfinanzierung auch die Vermeidung von Währungsrisiken genannt.

Die seit Ende der 60er Jahre auftretenden Spannungen im Währungssystem von Bretton Woods, der dadurch erzwungene Übergang zum System flexibler Wechselkurse und die daraus resultierenden starken Wechselkursschwankungen sprechen dafür, daß dem Wechselkursrisiko in diesem Zeitraum ein relativ großer Stellenwert zukam. Da aber keine Informationen über Import- und Exportabhängigkeit der deutschen Tochtergesellschaften im Ausland vorliegen, kann keine eindeutige Aussage darüber getroffen werden, wie sich dieses Wechselkursrisiko auf die Höhe der Auslandsfinanzierung auswirkte.

---

1) Vgl. JUNGNICKEL u.a. (1977), S. 125 ff.

2) Die insgesamt 20 in der Erhebung erfaßten Unternehmen repräsentieren fast 70 % der gesamten Auslandsproduktion der Verarbeitenden Industrie im Jahre 1974, so daß der Repräsentationsgrad der Studie recht hoch ist.

Tabelle 18: Herkunft des von deutschen multinationalen Unternehmen im Ausland investierten Kapitals 1966 und 1974

Jahr	Anteil der Auslandsfinanzierung[1]				
	< 25 %	25 - 50 %	> 50 - 75 %	> 75 %	Insgesamt
	Anzahl der Unternehmen[2]				
1966	8	3	2	2	15
1974	5	3	4	6	18

1) Reinvestierte Gewinne und Fremd- bzw. Beteiligungskapital aus den Investitions- oder Drittländern.

2) Als "multinational" wurden deutsche Firmen eingestuft, deren Auslandsproduktion 1971 über 200 Mill. DM lag.

Quelle: JUNGNICKEL u.a. (1977), S. 126.

Für die deutschen Niederlassungen ausländischer multinationaler Unternehmen läßt sich dagegen der Einfluß der im Zeitraum 1970 - 1974 auftretenden Wechselkursunsicherheit besser abschätzen. Bei den in der Studie aufgenommenen Firmen[1] belief sich 1973 der in Deutschland erzielte Umsatz auf ca. 60 % ihres Gesamtumsatzes.[2] Berücksichtigt man weiterhin, daß 1971 nur 22 % der Gesamtexporte und 17 % der Gesamtimporte keine konzerninternen Transaktionen darstellten,[3] so kann eine relativ geringe Außenhandelsabhängigkeit der Unternehmen vermutet werden. Nach den Modellergebnissen müßte dies mit einem hohen Anteil der Auslandsfinanzierung am Gesamtkapital der Tochtergesellschaften einhergehen. Tatsächlich haben die in der HWWA-Studie erfaßten ausländischen multinationalen Unternehmen 1974 mit einer Ausnahme ihre deutschen Investitionen zu über 75 % in der Bundesrepublik finanziert (vgl. Tabelle 19). Auch hier ist zwischen 1966 und 1974 eine zunehmende Verlagerung auf ausländische Finanzquellen festzustellen.

1) Die in der Erhebung erfaßten ausländischen multinationalen Unternehmen kamen 1974 für knapp 70 % des Umsatzes aller auslandsbeherrschten deutschen Unternehmen der Verarbeitenden Industrie auf.

2) Eigene Berechnungen anhand JUNGNICKEL u.a. (1977), S. 41 und S. 283.

3) Vgl. Tabelle 8, S. 69.

Tabelle 19: Anteil des aus Deutschland stammenden Investitionskapitals bei den deutschen Tochtergesellschaften ausländischer MNU 1966 und 1974

Jahr	Anteil der Investitionsmittel[1] aus der Bundesrepublik				
	< 25 %	25 - 50 %	> 50 - 75 %	> 75 %	Insgesamt
	Anzahl der Unternehmen[2]				
1966	2	0	2	18	22
1974	0	0	1	22	23

1) Reinvestierte Gewinne und in Deutschland aufgenommenes Fremdkapital.

2) Einbezogen wurden Produktionsgesellschaften, die 1972 in der Bundesrepublik einen Umsatz von mindestens 500 Mill. DM erzielten.

Quelle: JUNGNICKEL u.a. (1977), S. 130.

Einen Anhaltspunkt für mögliche branchenmäßige Unterschiede in der Finanzierungsstruktur liefert der Jahresbericht des Bureau of Economic Analysis des U.S. Department of Commerce über amerikanische Direktinvestitionen im Ausland. Da die dort veröffentlichten Daten über amerikanische multinationale (Nichtbanken-)Unternehmen und ihre Auslandstöchter erst seit 1982 in dieser Form erhoben werden, ist allerdings auch hier nur die Auswertung von zwei Stichjahren möglich.

Tabelle 20 zeigt die Zusammensetzung des Investitionskapitals sämtlicher amerikanischer Tochtergesellschaften im Ausland für die Wirtschaftszweige Mineralölindustrie, Verarbeitende Industrie und Handel. Produktdifferenzierung ist neben der oligopolistischen Marktstruktur das hervorstechendste Strukturmerkmal der Märkte, auf denen multinationale Unternehmen der Verarbeitenden Industrie agieren. Danach müßte laut den Modellhypothesen die Verarbeitende Industrie gegenüber der homogene Produkte herstellenden und vertreibenden Mineralölindustrie einen höheren Grad an externer Finanzierung aufweisen. Vergleicht man die entsprechenden Prozentsätze in Tabelle 20, so ergeben sich für beide Jahre eindeutige Unterschiede. Einem durchschnittlichen Anteil von 66 % der gesamten Auslandsfinanzierung (im

Tabelle 20: Finanzierungsstruktur US-amerikanischer Tochtergesellschaften im Ausland 1982 und 1984

Wirtschaftszweig / Kapitalherkunft*	Mineralöl		Handel		Verarbeitende Industrie	
	1982	1984	1982	1984	1982	1984
	(in Mrd. US-$)		(in Mrd. US-$)		(in Mrd. US-$)	
1. Gesamtkapital	113,0	98,7	38,3	37,6	130,0	130,1
2. Im Anlageland aufgenommenes Gesamtkapital	49,6	41,7	16,6	15,9	64,0	64,8
davon:						
2a. Eigenkapital	4,3	4,9	0,6	0,8	4,3	5,1
2b. Fremdkapital	45,3	36,8	16,0	15,1	59,7	59,7
3. Kapitalexport der Muttergesellschaft (equity + net outstanding loans)	46,0	39,8	13,4	12,7	44,1	45,2
Anteil am Gesamtkapital von:	(in %)		(in %)		(in %)	
Auslandsverschuldung im Anlageland (2b./1.)	40,0	37,3	41,7	40,2	46,0	45,9
Auslandsfinanzierung im Anlageland (2./1.)	43,9	42,4	43,3	42,3	49,3	49,8
Auslandsfinanzierung in Drittländern ((1.-2.-3.)/1.)	15,5	17,3	21,7	23,9	16,8	15,5
Kapitalexport der Muttergesellschaft	40,6	40,3	35,0	33,8	33,9	34,7

* Bilanzdaten für "majority-owned nonbank affiliates of nonbank U.S. parents"

Quelle: U.S. Department of Commerce (1986a, Tabelle 26; 1986 b, Tabelle 26).

Anlageland und Drittländern) am Gesamtkapital der Verarbeitenden Industrie steht ein durchschnittlicher Anteil von 59 % bei der Mineralölindustrie gegenüber. Der Handel kann in diesen Zusammenhang nicht eindeutig eingeordnet werden, da hier auch sämtliche Großhandels-Vertriebsgesellschaften amerikanischer multinationaler Unternehmen eingehen.

Um insgesamt einen signifikanten Einfluß des abgeleiteten Risikominimierungskalküls auf die Höhe der Auslandsfinanzierung feststellen zu können, reichen die vorhandenen Daten allerdings nicht aus.

5.4.3 Produktions- und Exportstrategie eines multinationalen Unternehmens bei Wechselkursunsicherheit

5.4.3.1 Problemstellung

Neben den finanzwirtschaftlichen Diversifikationsaspekten kann die internationale Verteilung von Direktinvestitionen auch als unternehmenspolitische Strategie zur Risikostreuung auf den Realgütermärkten dargestellt werden. Je größer das Wechselkursrisiko aus der Unvorhersehbarkeit zukünftiger Wechselkurse und damit das Preisrisiko auf Faktor- und Gütermärkten ist, um so stärker müßte die Tendenz zur Dezentralisierung der Produktionsstandorte sein.

Unsicherheit über die Preise von Vorleistungen bzw. Zwischenprodukten ist ein bekanntes Motiv für vertikale Integration. Entsprechend kann ein durch unvorhersehbare Wechselkursschwankungen gekennzeichnetes Währungsregime Anreiz zu vertikaler multinationaler Integration liefern. Zusammen mit einem zentralisierten Währungsmanagement erlaubt die vertikale Integration eine substantielle Verminderung der Gewinnschwankungen aufgrund von Wechselkursbewegungen zwischen Vorprodukte produzierenden Ländern und Ländern, in denen die nachfolgenden Produktionsstufen ansässig sind.

Das Instrumentarium zur Optimierung des "exposure" reicht hier von der Änderung konzerninterner Verrechnungspreise (transfer pricing) und Veränderung der Zahlungsziele (terms of payment) im konzerninternen Handel bis zur Gestaltung der Dividendenausschüttungspolitik und Eigenkapitalzuführung.[1)]

Zusätzlich kann vertikale multinationale Integration dadurch bedingt sein, daß die Unternehmen verschiedener Produktionsstufen in unterschiedlichen Ländern aufgrund der Unvollkommenheit der Kapitalmärkte das Wechselkursrisiko unterschiedlich einschätzen.[2)] Nicht international diversifizierte Zulieferunternehmen bzw. Unternehmen einer nachgelagerten Produktionsstufe müssen bei starken Wechselkursschwankungen in ihrem Verkaufspreis einen höheren Risikozuschlag berechnen als eine Firma mit höherem - multinationalen - Diversifikationsgrad. Diese genießt,wenn sie in mehreren der international verwendeten Währungen handelt, alleine durch ihre Geschäftsaktivitäten einen natürlichen Schutz vor wechselkursbedingten Transaktionsrisiken, ohne eine kostspielige Währungsabsicherung betreiben zu müssen.[3)] Eine vertikale Integration lohnt sich dann wegen des billigeren Einkaufs von Vorprodukten bzw. einer höheren Produktionsmenge an Zwischenprodukten, wenn das Endprodukt der nachfolgenden Produktionsstufe billiger abgesetzt werden kann.

In ähnlicher Weise kann auch horizontale globale Expansion durch Wechselkursunsicherheit angeregt werden. Soweit die Erfordernis effizienter Betriebsgrößen einer multinationalen Diversifizierung von Produktionsstätten nicht entgegensteht, erlaubt diese eine Optimierung einmal unter Berücksichtigung unvorhersehbarer Wechselkursschwankungen, zum

---

1) Vgl. hierzu BERTHOLD (1981), S. 73 ff.

2) Zur Ableitung dieses Erklärungsansatzes für nationale Unternehmen siehe NEUMANN (1982), S. 253 ff.

3) Vgl. MAKIN (1978), S. 524 f.; sowie GLOYSTEIN u.a. (1974), S. 32 f.

anderen in bezug auf mittelfristige Bewegungen der realen Wechselkurse. Werden nämlich nicht mehr Endprodukte, sondern alleine Dienstleistungen, z.B. in Form von Lizenzen, exportiert, und die Produktion in die einzelnen Absatzmarktregionen verlegt, so sind nur die Gewinne und internen Nutzungsgebühren, aber nicht die gesamten Absatzerlöse einem Wechselkursrisiko ausgesetzt. Deshalb wird ceteris paribus die Tendenz, Produktionsstätten international zu dezentralisieren, um so größer sein, je höher das Wechselkursrisiko ist.[1)]

Die durch Wechselkursunsicherheit induzierte vertikale und horizontale Expansion könnte so das rapide Wachstum von intraindustriellem und konzerninternem Handel während der siebziger Jahre erklären helfen. Beide haben allerdings entgegengesetzte Implikationen für die Reagibilität der Handelsströme bei Wechselkursschwankungen. Während eine vertikal integrierte Firma Wechselkursänderungen zum Teil ignorieren kann, bietet die horizontale Integration Möglichkeiten, daraus durch die Anpassung der Handelsströme Gewinne zu ziehen.[2)]

Wie sich das Wechselkursrisiko im Fall eines horizontal diversifizierten multinationalen Unternehmens auf das Produktionsniveau in verschiedenen Ländern und den Intrafirmenhandel auswirkt, soll nun am Beispiel einer "binationalen" Firma untersucht werden.[3)]

5.4.3.2 Das Modell

Betrachtet wird eine Firma, die ihr Endprodukt sowohl in ihrem Heimatland als auch im Ausland herstellen kann. Während die im Ausland produzierten Güter nur auf dem Auslands-

---

1) Vgl. auch NIEHANS (1977), S. 13.

2) Vgl. McCULLOCH (1983), S. 11.

3) Zu dem im folgenden gewählten Ansatz siehe BATRA und HADAR (1979), ITAGAKI (1981), DAS (1983) und SHAPIRO (1975).

markt verkauft werden sollen, werde die Inlandsproduktion in beiden Ländern abgesetzt; dabei bezeichne z den Umfang des Intrafirmen-Exports von der Muttergesellschaft zur ausländischen Tochter, p den in Inlandswährung berechneten Transferpreis. Die Firma besitze Marktmacht und kann deshalb eine Preisdifferenzierung auf beiden Teilmärkten durchführen, so daß in- und ausländisches Produktionsniveau $s^1 + z$ bzw. $s^2 - z$ unabhängig voneinander gewählt werden können.

Betragen die Fertigungskosten $C^1(s^1+z)$ und $C^2(s^2-z)$ in der jeweiligen Landeswährung, so ergibt sich der Gesamtgewinn der Firma in inländischer Währung aus der Summe von inländischem Gewinn π^1 und Auslandsgewinn π^2 als

$$(1) \quad \pi = R^1(s^1) - C^1(s^1+z) + pz + e[R^2(s^2) - C^2(s^2-z) - \frac{pz}{e}]$$

mit s^i = Absatz in Land i, i = 1,2
R^i = Erlösfunktion für Land i .

Der Wechselkurs e, definiert als Preis für eine ausländische Währungseinheit in inländischen Währungseinheiten, sei eine nicht-negative Zufallsvariable. Die Firma muß somit über das optimale Produktions- und Absatzvolumen sowie die Höhe des firmeninternen Exports unter Unsicherheit entscheiden.

Da von einer unterschiedlichen Besteuerung des In- und Auslandsgewinns abstrahiert wird, kann der Transferpreis p hier als gegebener Parameter angesehen werden;[1)] ebenso braucht dann auch die Repatriierungspolitik des multinationalen Unternehmens nicht berücksichtigt zu werden.[2)]

---

1) Im Fall unterschiedlicher Unternehmenssteuern würde der Transferpreis je nach der Höhe der beiden Steuersätze immer den Wert der Ober- oder Untergrenze annehmen, wobei die Untergrenze z.B. durch Antidumping-Bestimmungen, die Obergrenze durch die Erfordernis eines Mindestniveaus des Auslandsgewinns bestimmt wird. Vgl. HORST (1971) und ITAGAKI (1981).

2) Vgl. dazu ITAGAKI (1981).

Weder Erlös- noch Kostenfunktionen seien in diesem Modell vom Wechselkurs abhängig, so daß sich Wechselkursschwankungen proportional im in Inlandswährung berechneten Auslandsgewinn niederschlagen. Diese Annahme ist dann gerechtfertigt, wenn der jeweiligen Importkonkurrenz kein großes Gewicht zukommt, und kurzfristige, unvorhersehbare Wechselkursschwankungen in den Gewinnspannen absorbiert werden können.[1] Wie in Punkt 5.4.2.1 hergeleitet, führt die risikoaverse Firma in einem solchen Fall ein finanzielles Gegengeschäft durch.[2] Hier geschieht dies durch die Einführung eines Devisentermingeschäftes, bei dem ein Betrag in Höhe von x (-x) an Termindevisen zum Terminkurs f gekauft (verkauft) wird. Am Ende der Periode (wenn die Firma den im Ausland erwirtschafteten Gewinn erhalten hat) ist der Betrag x in Inlandswährung zu konvertieren, was der Firma Einnahmen in Inlandswährung in Höhe von ex erbringt. Der Gewinn oder Verlust dieser Finanztransaktion beträgt damit (e-f)x, die Gesamtgewinnfunktion lautet dann:

$$(2) \quad \pi = R^1(s^1) - C^1(s^1+z) + pz + (e-f)x + e[R^2(s^2)-C^2(s^2-z)-\frac{pz}{e}]$$

Bei unterstellter Risikoaversion maximiert die Firma nicht den Erwartungswert des Gewinns über die Variablen s^1, s^2, z und x, sondern den Erwartungswert ihres Nutzens, $Eu(\pi)$, repräsentiert durch eine strikt konkave Nutzenfunktion $u(\pi)$.

Die Wahl einer optimalen Höhe von s^1, s^2, z und x läßt sich dabei auch als implizite Entscheidung über den Wert des folgenden Ausdrucks auffassen:

---

1) Die Reaktion auf mittelfristige Trendänderungen des realen Wechselkurses wurde im Abschnitt 3. behandelt.

2) Zu berücksichtigen ist hierbei, daß bei einem tatsächlich multinationalen Unternehmen Hedging-Strategien das "netting out" der firmeninternen Transaktionen zwischen mehreren Währungsregionen einschließen; nur für das verbleibende "exposure" gelten dann unter den Voraussetzungen des Modells die nachfolgenden Überlegungen. Vgl. hierzu BLIN u.a. (1981), S. 40.

(3) $$y = x + R^2(s^2) - C^2(s^2-z)$$

wobei y der sich am Ende der betrachteten Periode ergebende Bestand an Auslandswährung ist (der positiv, negativ oder Null sein kann).[1] Da sämtliche Devisen nach Ablauf der Periode in Inlandswährung konvertiert werden sollen, entspricht y dem "exposure" der Firma, das einem Wechselkursrisiko unterliegt. Die Variable x ist somit ein Instrument, mit dem die Firma ihr "exposure" am Devisenmarkt kontrollieren kann. Ergeben die optimalen Werte von s^2, z und x ein $y = 0$, so hat die Firma eine vollständige Kurssicherung mit dem Kauf (Verkauf) von Termindevisen in Höhe von $x = -[R^2(s^2) - C^2(s^2-z)]$ betrieben. $y \lesseqgtr 0$ bedeutet andererseits, daß die Firma bereit ist, ein gewisses Risiko am Devisenmarkt einzugehen. So wird sie bei $y > 0$ und positivem ausländischem Geschäftsgewinn einen geringeren Betrag als $[R^2(s^2)-C^2(s^2-z)]$ zum Terminkurs verkaufen oder sogar Termindevisen kaufen.[2]

Im folgenden sei nun angenommen, daß $u(\pi)$ ein inneres Maximum besitzt, das den Bedingungen $s^i > 0$ für $i = 1,2$, $0 < z < s^2$ und $-\infty < x < \infty$ genügt.

Daraus ergeben sich als Maximierungsbedingungen erster Ordnung:

---

1) Die Entscheidungen über Absatz-, Export- und Produktionsstrategie einerseits und die Entscheidung über eine optimale Kurssicherung andererseits können hierbei nicht unabhängig voneinander getroffen werden. Das optimale Kurssicherungsniveau kann nur dann bestimmt werden, wenn die Werte für s^1, s^2 und z bekannt sind, da diese in Gleichung (7) der nachfolgenden Bedingungen 1. Ordnung nichttrivial enthalten sind.

2) Auf ein solches Verhalten deutet eine von FIELEKE (1981) für den Zeitraum März 1975 bis März 1978 durchgeführte Regression über den Zusammenhang zwischen Terminmarktposition und weltweiten Nettobilanzpositionen in Fremdwährung amerikanischer (Nichtbanken-)Unternehmen in den Währungen Kanadischer Dollar, Französischer und Schweizer Franken, Yen, Englisches Pfund und Deutsche Mark hin. Er kommt zu dem Ergebnis, daß zur reinen Absicherung des Wechselkursrisikos von Bilanzpositionen vom Devisenterminmarkt wenig Gebrauch gemacht wurde. Einige der (signifikanten) Koeffizienten für Yen und Pfund deuten im Gegenteil darauf hin, daß "the firms includes were using forward market to add to their aggregate position rather than to cover positions arising from normal commercial transactions." (FIELEKE (1981), S. 37.)

(4) $$\frac{\partial Eu(\pi)}{\partial s^1} = Eu'(R^1_{s^1} - C^1_{s^1}) = 0$$

(5) $$\frac{\partial Eu(\pi)}{\partial s^2} = E(u'e)(R^2_{s^2} - C^2_{s^2}) = 0$$

(6) $$\frac{\partial Eu(\pi)}{\partial z} = Eu'[(p-C^1_z)-(p-eC^2_z)] = 0$$

(7) $$\frac{\partial Eu(\pi)}{\partial x} = Eu'(e-f) = 0$$

wobei die partiellen Ableitungen durch tiefgestellte Indizes dargestellt werden.

Die Bedingungen zweiter Ordnung für ein eindeutiges Nutzenmaximum verlangen, daß $u[\pi(s^1, s^2, z, x)]$ in den vier Argumenten strikt konkav bzw. die Hessesche Matrix negativ definit ist.

Aus den Gleichungen (4) und (5) erhält man analog zum Optimierungsverhalten bei sicherer Wechselkursentwicklung $(R^1_{s^1} - C^1_{s^1}) = R^2_{s^2} - C^2_{s^2}) = 0$. Gleichung (6) läßt sich dagegen schreiben als

$$(p-C^1_z)Eu' = pEu' - C^2_z\ E(u'e)$$

Substituiert man für $E(u'e)$ die Beziehung $E(u'e) = \bar{e}\ Eu' + cov(u', e)$,[1)] wobei $\bar{e}$ den subjektiven Erwartungswert des Wechselkurses bezeichnet, so folgt

(6a) $$(p-C^1_z) - (p-\bar{e}C^2_z) + v = 0 \qquad \text{mit } v = C^2_z \frac{cov(u',e)}{Eu'}$$

oder $$C^1_z = (\bar{e} + \frac{cov(u',e)}{Eu'})C^2_z$$

---

1) Dies folgt aus der Definition der Kovarianz $cov(u',e) = E(u'e) - E(e)E(u')$ mit $E(e) = \bar{e}$.

$\bar{e}$ + cov(u',e)/Eu' kann man hier als Schattenpreis des Wechselkurses interpretieren, der die subjektive Bewertung der in Inlandswährung berechneten Auslandswährung für die risikoaverse Firma angibt.[1] Da bei Risikoaversion das Vorzeichen von cov(u',e) dem Vorzeichen von (-y) entspricht,[2] ist der Schattenpreis niedriger oder höher als der erwartete zukünftige Wechselkurs $\bar{e}$, wenn die Firma als aktueller oder potentieller Nettoverkäufer oder Nettokäufer der Auslandswährung auftritt.

Aus Gleichung (7) kann cov(u',e) auch hergeleitet werden als

(8) $$\text{cov}(u',e) = Eu'(f-\bar{e})$$

Daraus ergibt sich

(9) $$\text{sgn } v = \text{sgn cov}(u',e) = \text{sgn}(f-\bar{e})$$ [3]

Würden Erwartungswert des zukünftigen Wechselkurses und Terminkurs übereinstimmen, wäre v = 0 und die Firma würde sich bei der Wahl von Produktions-, Absatz- und Exportvolumen wie in einem Regime fester Wechselkurse verhalten. Um den Einfluß der Wechselkursunsicherheit auf diese Entscheidungsvariablen analysieren zu können, sei v deshalb von Null verschieden, der subjektive Wert $\bar{e}$ weiche vom Terminkurs ab.

Die Wirkung einer Veränderung von v läßt sich dann unmittelbar durch Differenzierung der Optimalbedingungen

(4a) $$R^1_{s^1} - C^1_{s^1} = 0$$

---

1) Vgl. ITAGAKI (1981), S. 283.

2) Bei einem positiven "exposure" (y > 0), der Nettoposition in Auslandswährung, würde sich der Gewinn der Firma mit steigendem Wechselkurs erhöhen. Da die strikt konkave Nutzenfunktion einen abnehmenden Grenznutzen impliziert, wäre in diesem Fall die Kovarianz negativ.

3) sgn steht hier für Vorzeichen.

(5a) $$R^2_{s^2} - C^2_{s^2} = 0$$

(6a) $$-C^1_z + \bar{e}\, C^2_z + v = 0$$

nach v ableiten:

(10) $$H \begin{pmatrix} \frac{\partial s^1}{\partial v} \\ \frac{\partial s^2}{\partial v} \\ \frac{\partial z}{\partial v} \end{pmatrix} = \begin{pmatrix} 0 \\ 0 \\ -1 \end{pmatrix}$$

mit $$H = \begin{pmatrix} R^1_{s^1s^1} \quad C^1_{s^1s^1} & 0 & -C^1_{s^1z} \\ 0 & R^2_{s^2s^2} \quad -C^2_{s^2s^2} & C^2_{s^2z} \\ -C^1_{zs^1} & \bar{e}C^2_{zs^2} & -C^1_{zz}-\bar{e}C^2_{zz} \end{pmatrix}$$

Die strikte Konkavität der Zielfunktion verlangt zunächst, daß $(R^1_{s^1s^1} - C^1_{s^1s^1})$, $(R^2_{s^2s^2} - C^2_{s^2s^2})$ und $-(C^1_{zz} + \bar{e}C^2_{zz}) < 0$ sowie $\det(H) = D < 0$. Die Negativität von $-(C^1_{zz} + \bar{e}C^2_{zz})$ impliziert dabei zumindest in einem Land zunehmende Grenzkosten.[1)]

Aus (10) erhält man bei $v \geqq 0$

(11) $$\frac{\partial s^1}{\partial v} = \frac{-(R^2_{s^2s^2} - C^2_{s^2s^2})C^1_{s^1z}}{D} < 0 , \qquad \text{wenn } C^1_{s^1z} > 0$$

---

1) Im Fall abnehmender Grenzkosten impliziert kostenminimierendes Verhalten der Firma, daß sie alles im exportierenden Land produziert oder aber die Produktion auf beide Länder aufteilt, ohne zwischen beiden Absatzmärkten zu exportieren. Vgl. HORST (1971), S. 1063.

(12) $\frac{\partial s^2}{\partial v} = \frac{(R^1_{s^1 s^1} - C^1_{s^1 s^1}) C^2_{s^2 z}}{D} > 0$, wenn $C^2_{s^2 z} > 0$

(13) $\frac{\partial z}{\partial v} = \frac{-(R^1_{s^1 s^1} - C^1_{s^1 s^1})(R^2_{s^2 s^2} - C^2_{s^2 s^2})}{D} > 0$

und für den Einfluß der Wechselkursunsicherheit auf das Produktionsniveau in beiden Ländern

(14) $(\frac{\partial s^1}{\partial v} + \frac{\partial z}{\partial v}) = \frac{-R^1_{s^1 s^1}(R^2_{s^2 s^2} - C^2_{s^2 s^2})}{D} > 0$ für $C^1_{s^1 s^1} = C^1_{s^1 z}$ und $R^1_{s^1 s^1} < 0$

(15) $(\frac{\partial s^2}{\partial v} - \frac{\partial z}{\partial v}) = \frac{(R^1_{s^1 s^1} - C^1_{s^1 s^1}) R^2_{s^2 s^2}}{D} < 0$ für $C^2_{s^2 s^2} = C^2_{s^2 z}$ und $R^2_{s^2 s^2} < 0$

Aus den Gleichungen (11) - (15) wird ersichtlich, daß die Reaktionen der Firma entscheidend vom Vorzeichen der Größe v bzw. den Erwartungen über den zukünftigen Wechselkurs $\bar{e}$ abhängen; ein anderer wesentlicher Einflußfaktor ist der Verlauf der Grenzkosten.

Erwartet die Firma, daß der zukünftige Wechselkurs den Terminkurs unterschreitet und sind die Grenzkosten überall zunehmend, so reduziert sie im Inland ihren Absatz, während sie sowohl Auslandsabsatz als auch das Volumen des Intrafirmen-Handels ausweitet. Zur gleichen Zeit wird sie die Produktion im Inland steigern und im Ausland abnehmen lassen.

Diese für den Fall eines negativen "exposure" ($y < 0$) abgeleiteten Ergebnisse kehren sich genau um, wenn man die Situation $y > 0$ bzw. $v < 0$ betrachtet. In dieser Situation wird die Firma ihren Export sowie den Auslandsumsatz derart anpassen, daß über eine Verringerung des im Ausland erzielten Gewinns der Zufluß an Auslandswährung abnimmt.

Gleichzeitig sinkt die Produktion im Inland, während sie im Ausland steigt. Eine solche Reaktion tritt auch dann ein, wenn die Möglichkeit, Kurssicherungsgeschäfte abzuschließen in einem längerfristigen Zeitraum nicht besteht und mit einem positiven Auslandsgewinn zu rechnen ist. Ungewißheit über den zukünftigen Wechselkurs wird sich dahingehend äußern, daß die risikoaverse Firma ihre ausländischen Produktionsstätten erweitert und den Intrafirmenhandel in ihren Endprodukten zum Teil durch Auslandsproduktion substituiert.

Je nachdem, welche firmeninternen Transaktionen zwischen einzelnen Währungsregionen durchgeführt und in welcher Währung sie abgewickelt werden, kann das "exposure" aber ohne weiteres negativ sein. So können bei der Muttergesellschaft Nettoverbindlichkeiten in Auslandswährung bestehen, wenn von der Auslandstochter hauptsächlich Zwischenprodukte oder aufgrund von Skalenvorteilen nur einzelne Komponenten des Endproduktes gefertigt werden, die von der Muttergesellschaft zum Teil importiert werden müssen. Ein negatives "exposure" ist auch im Anfangsstadium einer Auslandsproduktion bei hoher Fixkostenbelastung wahrscheinlich.

Die vorangegangene Analyse zeigt auf, daß die Wirkungen der Wechselkursunsicherheit auf den von multinationalen Unternehmen durchgeführten internationalen Handel davon abhängen, ob die einem Wechselkursrisiko unterliegende Nettofremdwährungsposition der Firma positiv oder negativ ist und sich deshalb nicht eindeutig in einem Rückgang des Handelsvolumens niederschlagen muß. Im Gegensatz zu dem in Abschnitt 2.1 hergeleiteten Ergebnis braucht sich das in einem Regime unvorhersehbar schwankender Wechselkurse auftretende Wechselkursrisiko nicht hemmend auf die internationalen Austauschbeziehungen einer risikoaversen Firma auszuwirken, soweit sie als multinationales Unternehmen die Möglichkeit besitzt, Handelsströme und Produktion firmenintern umzulenken.

"Thus the multinational firm which can shift its production and exporting activities from one country to another, is affected less by exchange rate changes, i.e. has less exchange risk, than is the traditional firm in international trade which is tied to production in its home country alone."[1)]

Eine Verlagerung der Produktion zwischen verschiedenen Standorten ist um so leichter möglich, wenn es sich um ein monopolistisches oder oligopolistisches Unternehmen mit nicht ausgeschöpften Produktionskapazitäten handelt.[2)]

Direktinvestitionen in Form horizontaler Integration können Handelsströme ersetzen oder vergrößern, tendieren aber jedenfalls dazu, die Reagibilität des internationalen Handels in bezug auf Wechselkursänderungen zu erhöhen. Da die aufgezeigten Reaktionsmöglichkeiten firmenspezifisch sind, lassen sie sich allerdings nicht in aggregierten bilateralen Handelsströmen wiederfinden; bevorzugter Absatzmarkt ist zwar das jeweilige Anlageland, es kann jedoch auch als Produktionsbasis für Exporte in dritte Länder dienen. Eine empirische Überprüfung muß beim einzelnen multinationalen Unternehmen ansetzen und nicht nur den Export der Muttergesellschaft und die lokale Produktion zur Versorgung eines Auslandsmarktes, sondern auch die Exporte sämtlicher anderen ausländischen Tochtergesellschaften in das betreffende Land einbeziehen. Sofern dann tatsächlich eine Ausrichtung der Export- und Produktionsstrategie auf die herrschende Wechselkursunsicherheit zu beobachten ist, würde dies die mangelnde systematische Beziehung zwischen Wechselkursvariabilität und bilateralen Handelsströmen erklären helfen.

---

1) SHAPIRO (1975), S. 495.

2) Vgl. hierzu CAVES (1974).

5.4.3.3 Horizontale internationale Integration am Beispiel US-amerikanischer Unternehmen

Um den Einfluß von Wechselkursschwankungen auf die Entscheidung, wie Auslandsmärkte bedient werden sollen - via Export von der Muttergesellschaft oder Töchtern aus Drittländern bzw. via lokale Produktion - empirisch schätzen zu können, müßten für mehrere Jahre die Umsatzzahlen multinationaler Stammunternehmen und sämtlicher Tochtergesellschaften in den betrachteten Ländern bekannt sein. Solche Daten wurden indes nur vom US-amerikanischen Bureau of Economic Analysis seit 1977 erhoben und bisher ausschließlich für das Jahr 1977 ausgewertet und veröffentlicht.[1] Auch diese Untersuchung umfaßt nicht alle amerikanischen Multinationals, sondern nur mehrheitlich beherrschte Auslandsgesellschaften mit einer Kapitalbeteiligung der Muttergesellschaft von über 50 %. Sie gibt aber zumindest einen Eindruck über die Verteilung von Export und lokaler Produktion zur Versorgung ausländischer Märkte.

Als Beispiele werden in Tabelle 21 der Absatz amerikanischer Muttergesellschaften aus der Verarbeitenden Industrie (ohne Mineralölverarbeitung) und ihrer ausländischen Töchter in der Bundesrepublik Deutschland einerseits und die Belieferung lokaler Märkte durch amerikanische Tochtergesellschaften in Deutschland andererseits herangezogen. Bezogen auf den Gesamtumsatz der Verarbeitenden Industrie betrug dabei der Anteil der erfaßten amerikanischen Auslandstöchter in der Bundesrepublik 1977 5,2 %; der Anteil aller ausländischen Tochtergesellschaften ohne die Exporte der amerikanischen Muttergesellschaft am Gesamtimport der deutschen Verarbeitenden Industrie belief sich auf 11,2 %.[2]

---

1) Vgl. LUPO (1983).

2) Errechnet nach Angaben des Statistischen Bundesamtes (Statistisches Jahrbuch 1979, S. 173, 252). Zugrundegelegt wurde ein durchschnittlicher Wechselkurs von 2,3 DM/$.

Tabelle 21 zeigt, daß ein Großteil der Belieferung des deutschen Marktes durch Niederlassungen in der Bundesrepublik erfolgte (67 %), aber immerhin 26 % des Umsatzes mittels Exporten aus Drittländern getätigt wurde. Auch die deutschen Tochtergesellschaften exportierten ca. 30 % ihrer Produktion in Drittländer.

Um das Potential für eine Verlagerung der Produktion zwischen Standorten in verschiedenen Ländern abschätzen zu können, muß zwischen dem Umsatz einzelner Konzernteile, der vertikaler Integration und demjenigen, der horizontaler Integration zuzurechnen ist, unterschieden werden. In Tabelle 21 wurden deshalb die Umsätze der Muttergesellschaften und ihrer Auslandsniederlassungen mit konzernunabhängigen Dritten und deren Anteil am Gesamtumsatz der jeweiligen Unternehmen aufgenommen. Da sich Doppelzählungen für den betrachteten Industriezweig weitgehend ausschließen lassen (für die Mineralölindustrie wäre dies z.B. nicht möglich), kann dieser Wert als grober Maßstab für die internationale horizontale Integration angesehen werden; der Rest spiegelt die vertikale Integration, also das Ausmaß der Spezialisierung innerhalb des Konzernverbundes, wider. Es ist allerdings auf einer solchen Aggregationsebene der Daten nicht möglich, eine Aufspaltung in den Umsatz aus lokaler Produktion und den durch reine konzernabhängige Vertriebsgesellschaften getätigten Umsatz durchzuführen, um im Rahmen der horizontalen Integration den Anteil des Intrafirmenhandels errechnen zu können.

Für den Absatz amerikanischer multinationaler Unternehmen in der Bundesrepublik ergibt sich dann folgendes Bild: 83 % wurden von deutschen Tochtergesellschaften umgesetzt, 17 % (oder 4 Mrd. US-Dollar) des Umsatzes von Endprodukten wurden durch Export ausländischer Konzernteile in die Bundesrepublik erzielt. Davon sind 7 % Exporten der Muttergesellschaft bzw. dem Stammland USA zuzurechnen.

Die deutschen Tochtergesellschaften der einbezogenen amerikanischen Multinationals setzten 1977 88 % ihres Gesamtumsatzes an Endprodukten im Inland ab, 12 % (2,6 Mrd. US-Dollar) flossen an ausländische konzernunabhängige Dritte. Innerhalb dieser Größenordnungen kann eine Umschichtung zwischen lokaler Produktion und Export aus verschiedenen Ländern stattfinden.

Die in Tabelle 21 aufgezeigte Struktur der Versorgung von Auslandsmärkten macht im übrigen deutlich, daß der Einfluß von Wechselkursschwankungen auf den von multinationalen Unternehmen durchgeführten Handel sinnvollerweise nicht anhand bilateraler Handelsströme, sondern unter Berücksichtigung von Währungsregionen geschätzt werden sollte, also z.B. anhand des Handelsvolumens zwischen den USA und den am Europäischen Währungssystem beteiligten Industrieländern.

Tabelle 21: Absatz US-amerikanischer multinationaler Unternehmen der Verarbeitenden Industrie in der Bundesrepublik und ihrer deutschen Tochtergesellschaften im Ausland 1977

	Umsatz amerikan. Multinationals in der Bundesrepublik	Anteil der Umsätze mit konzernunabhängigen Dritten			Weltweiter Umsatz deutscher Tochtergesellschaften	Anteil der Umsätze mit konzernunabhängigen Dritten	
	Mill. US-$	Mill. US-$	in %		Mill. US-$	Mill. US-$	in %
Insgesamt	29 995	23 316	77,7	Insgesamt	29 951	21 999	73,4
Von amerikanischen Muttergesellschaften	3 093	1 645	54,1	davon in:			
von MOFAs*	26 957	21 671	80,4	USA	847	37	4,4
Herkunftsland:							
Deutschland	20 057	19 387	96,7	Deutschland	20 057	19 387	96,7
Frankreich	1 400	272	19,5	Frankreich	1 369	275	20,1
Italien	250	89	35,7	Italien	774	167	21,8
Niederlande	1 120	407	36,4	Niederlande	894	225	25,2
Großbritannien	1 022	255	25,0	Großbritannien	1 354	117	8,6
Andere europäische Länder	2 521	872	34,6	Andere europ. Länder	3 600	1 185	32,9
Kanada	195	176	90,2	Kanada	106	8	7,8
Japan	20	1	2,8	Japan	86	36	41,9
Australien, Neuseeland, Südafrika	17	-	-	Australien, Neuseel., Südafrika	170	36	21,3
Lateinamerika	173	110	63,5	Lateinamerika	197	104	52,7
Andere Entwicklungsländer	181	-	-	Andere Entwicklungsländer	498	420	84,3

* Auslandstöchter mit einer Kapitalbeteiligung von mehr als 50 % der Muttergesellschaft (Majority-owned foreign affiliates)

LUPO (1983), S. 45, 53 f.

SCHLUSSBETRACHTUNG

In einer Reihe theoretischer und empirischer Studien wurden die Auswirkungen der seit Anfang der 70er Jahre zu beobachtenden Wechselkursschwankungen auf die internationalen Wirtschaftsbeziehungen untersucht. Bislang beschränkte man sich dabei auf Teilaspekte, die unverbunden nebeneinanderstehen und daher, für sich allein betrachtet, zu widersprüchlichen Ergebnissen führen können. Dies trifft insbesondere für ein Phänomen zu, das die Struktur sowohl des Außenhandels als auch des internationalen Kapitalverkehrs in starkem Ausmaß beeinflußt hat und in Zukunft noch prägen wird, nämlich die Expansion multinationaler Unternehmen.

Die Einbeziehung multinationaler Unternehmen in eine gegenüber bestehenden Untersuchungen differenziertere Analyse war das Anliegen dieser Arbeit. Zwei Ansatzpunkte ergaben sich hier: Einmal die unter den Stichwörtern Translations- und Transaktionsrisiko geführte Diskussion über die negativen Effekte der Wechselkursvariabilität auf international agierende Firmen, zum anderen die entgegen modelltheoretischen Aussagen anscheinend geringfügigen Auswirkungen von Wechselkursrisiken auf den internationalen Handel.

Bezogen auf ersteres legt es eine korrekte Definition des ökonomischen Wechselkursrisikos einer Firma nahe, nicht ausschließlich auf die Notwendigkeit traditioneller Kurssicherungsgeschäfte abzustellen, sondern eher von folgenden Fragestellungen auszugehen: 1) In welchem Ausmaß können die Effekte von Wechselkursänderungen in der Preis-Kosten-Marge der Firma aufgefangen werden bzw. welche Preisspielräume hat eine Firma? 2) Wie diversifiziert sind Input- und Outputmärkte bzw. wie schnell kann eine Firma Beschaffung, Produktion und Absatz regional verlagern? Daraus ergibt sich als Konsequenz, daß multinationale Unternehmen von Wechselkursrisiken nicht etwa besonders betroffen sind, sondern im Gegenteil Kompensationsmöglichkeiten besitzen, die rein nationalen Unternehmen nicht zur Verfügung stehen.

Ausländische Direktinvestitionen, verbunden mit einer Steigerung des konzerninternen Handels, wären dann eine rationale Reaktion auf die erhöhte Unsicherheit über relative Faktor- und Güterpreise auf unterschiedlichen Märkten. Dies würde wiederum erklären, warum sich ein systematischer negativer Einfluß von Wechselkursrisiken auf den Außenhandel empirisch kaum nachweisen läßt, jedenfalls nicht, wie in den bisherigen Untersuchungen, auf aggregierter Ebene.

Die in der Arbeit abgeleiteten theoretischen Modelle wurden ausschließlich für Unternehmen definiert. Will man ihre Ergebnisse empirischen Tests unterziehen, so sieht man sich allerdings mit zur Zeit noch unlösbaren Datenproblemen konfrontiert. Trotz der Bedeutung multinationaler Unternehmen bzw. ausländischer Direktinvestitionen im internationalen Handel und Kapitalverkehr werden die für quantitative Analysen notwendigen Daten auf nationaler Ebene entweder gar nicht oder nur lückenhaft erhoben.[1] Derartige Analysen sind nur mittels aufwendiger Primärerhebungen möglich, die insbesondere dann, wenn quantitative Aussagen angestrebt werden, erheblich über Niveau und Umfang von Fallstudien hinausgehen.[2]

Die bisher veröffentlichten Sektordaten (auf dem 1- oder höchstens 2-Stellen-Niveau der Industriestatistiken) sind zu heterogen, um Struktureffekte eindeutig nachweisen zu können, zumal viele Variablen mit unzulänglichen Hilfsgrößen gemessen werden müssen. Speziell für die in dieser Arbeit aufgeworfene

1) Vgl. hierzu ausführlich VUKMANIC, CZINKOTA und RICKS (1985), S. 160.

2) Vgl. KRIST (1985), S. 278.

Fragestellung, wie sich Wechselkursrisiken auf das Verhalten multinationaler Firmen auswirken, erwies sich darüber hinaus das Fehlen konsistenter Zeitreihen als Problem.

Sofern, wie in den USA, seit einigen Jahren die gesetzliche Grundlage für die Erhebung eines genügend disaggregierten Datensatzes vorhanden ist, taucht die Schwierigkeit auf, daß als vertraulich eingestufte Firmenangaben nicht zugänglich sind; man muß auch hier zum Teil auf aggregierte Sektordaten zurückgreifen. Aufgrund der unterschiedlichen Erhebungspraxis der einzelnen Länder lassen sich nationale Daten zudem kaum miteinander vergleichen. In dieser Hinsicht besteht gerade auch für die Bundesrepublik ein erheblicher Nachholbedarf.

Es ließ sich gleichwohl belegen, daß der Anteil multinationaler Unternehmen an den internationalen Handels- und Kapitalströmen zu hoch ist, um sie als strukturbestimmenden Faktor vernachlässigen zu dürfen. Zudem ergaben sich Indizien, wonach die unternehmensinterne Diversifizierung nach Ländern und Währungen zunehmend an Bedeutung gewonnen hat. So scheint die bei multinationalen im Vergleich zu "uninationalen" Unternehmen größere Stabilität von Umsatzentwicklung und Gewinnen mit einer höheren Bewertung am Aktienmarkt honoriert zu werden.

Dabei tauchte das theoretische Problem auf, warum Firmen überhaupt ein Risiko aus der Variabilität ihrer Gewinne berücksichtigen müssen und nicht nur deren Erwartungswert. Über die Finanzmärkte könnte ein individueller Vermögenshalter ein effizient diversifiziertes Portfolio wählen, das ihm die gewünschte Kombination aus erwartetem Ertrag und Risiko bietet. "Why then should the managers of a steel or electronics firm attempt to take on the work of a specialized portfolio-manager?"[1)]

---

1) McCULLOCH (1985), S. 144.

Die angeführte Erklärung zur Auflösung dieses Widerspruchs beruht auf den aus Marktunvollkommenheiten resultierenden Vorteilen einer firmeninternen Risikodiversifikation gegenüber internationalen Portfolioinvestitionen. Indem multinationale Unternehmen international diversifizierte Portfolios darstellen und ihre Kapitalanlagen in Bereichen halten, in denen sie unternehmensspezifische Vorteile besitzen, bieten sie eine Form der risikomindernden Diversifizierung, die einem individuellen Anleger durch internationale Streuung seines Vermögens kaum zugänglich ist. Die Möglichkeit einer Risikodiversifikation über Direktinvestitionen stellt hierbei einen Vorteil des "being multinational" dar und weniger ein Motiv für Investitionen in einem speziellen Land - sie ist primär Folge der realwirtschaftlichen internationalen Aktivitäten. Dies schließt nicht aus, daß die großen Wechselkursschwankungen seit Anfang der 70er Jahre einen Druck zu verstärkter Diversifikation auf Unternehmensebene ausgeübt haben.

Das Konzept der Internalisierung erklärt im übrigen, warum ein multinationales Unternehmen seine Finanzfunktionen zentralisieren muß. Die Berechnung des "globalen" ökonomischen Wechselkursrisikos und die Ausschöpfung von Arbitrage-, Hedging- und finanziellen Diversifikationsmöglichkeiten kann nur über ein zentralisiertes Finanzmanagement erfolgen.[1)] Die Untersuchungen von DUERR (1977) und BLIN, GREENBAUM und JACOBS (1981) zeigen, daß eine solche Entwicklung auch stattgefunden hat. Die Schaffung neuer Zentralabteilungen in international ausgerichteten Großunternehmen zur Überwachung des Wechselkursrisikos ging einher mit der gezielten Anwendung von Finanztechniken zur Risikominderung, z.B. systematische Diversifikation der Kassenhaltung in verschiedenen Währungen.

---

1) Vgl. hierzu RUGMAN (1981), S. 86.

Die wohlfahrtstheoretischen Implikationen hieraus sind zweideutig. Soweit aufgrund einer Verringerung des Risikos die angestrebte Kapitalverzinsung von Investitionen niedriger sein kann, liegt die Expansion multinationaler Unternehmen im allgemeinen Wohlfahrtsinteresse. In dem Ausmaß, in dem erhöhte Unsicherheit Großunternehmen mit internen Diversifikationsmöglichkeiten gegenüber kleineren Unternehmen bevorzugt, wird jedoch der Konflikt zwischen Effizienzvorteilen und aus Marktmacht erwachsendem wettbewerbsbeschränkenden Verhalten verstärkt. Für weitergehende Studien wäre dies ein fruchtbarerer Untersuchungsgegenstand als die pauschale Hypothese, daß die Veränderlichkeit von Wechselkursen den internationalen Austausch behindere.

In den letzten zwei Jahren nahm allerdings eine Entwicklung ihren Anfang, aufgrund welcher sich die oben angesprochenen Diversifikationsvorteile multinationaler Unternehmen in fernerer Zukunft als obsolet herausstellen könnten. Amerikanische Zeitungen[1)] berichten immer häufiger über die Etablierung einer Vielzahl neuer Finanzinstrumente, welche die amerikanischen Finanzmärkte revolutionieren. Mittels aufwendiger quantitativer Modelle werden nicht nur die Arbitragemöglichkeiten auf Aktien-, Bonds- und Optionsmärkten in bis vor kurzem ungeahnten Ausmaß erweitert, sondern auch neue Zukunftsmärkte für unterschiedliche Wertpapiere und Fristigkeiten geschaffen.[2)] Je besser aber Anlagerisiken über die Finanzmärkte vermindert oder sogar, im Fall der Zukunftsmärkte, eliminiert werden können, um so weniger relevant wird die Risikominimierung auf Unternehmensebene. Greift diese in den USA eingeleitete Entwicklung auf auswärtige Finanzmärkte über und geht dies mit einer zunehmenden internationalen Integration einher, so nähert man sich einem internationalen Kapitalmarktgleichgewicht im Sinne des CAPM an - die individuelle Portfoliodiversifikation übernimmt dann uneingeschränkt die Rolle der unternehmensinternen Risikodiversifikation.

---

1) Vgl. hierzu z.B. den Artikel "Wall Street's 'Quants' Design Software to Move Markets" in der "Washington Post" vom 17.11.1986.

2) Ein Beispiel wäre hier das "program trading" auf der Basis von Aktienindizes.

LITERATURVERZEICHNIS

ADLER, Michael (1977), Comment zu J. Niehans, Benefits of Multinational Firms for a Small Parent Economy: The Case of Switzerland, in: AGMON, T. und Ch.P. KINDLEBERGER (Hrsg.) (1977), Multinationals from Small Countries, Cambridge/Mass., S. 40-48.

ADLER, Michael und Bernard DUMAS (1983), International Portfolio Choice and Corporation Finance: A Synthesis, Journal of Finance, Vol. 38, No. 3, June 1983, S. 925-984.

ADLER, Michael und Bernard DUMAS (1977), The Microeconomics of the Firm in an Open Economy, American Economic Review, Vol. 67, No. 1, S. 180-189.

ADLER, Michael und Bernard DUMAS (1975), Optimal International Acquisitions, Journal of Finance, Vol. 30, No. 1, S. 1-19.

ADLER, Michael, B. DUMAS und R. HORESH (1974), The Relationship Among Equity Markets: Comment, Journal of Finance, Vol. 29, Sept. 1974, S. 1311-1317.

AGGARWAL, Raj (1980), Investment Performance of U.S.-Based Multinational Companies: Comments and a Perspective On International Diversification of Real Assets, Journal of International Business Studies, Vol. 11, No. 1, S. 98-104.

AGGARWAL, Raj (1979), Multinationality and Stock Market Valuation: An Empirical Study of U.S. Companies and Markets, in: Management International Review, Vol. 19, S. 5-21.

AGGARWAL, Raj (1976), Financial Policies for the Multinational Company, New York.

AGMON, Tamir und Donald R. LESSARD (1977a), Investor Recognition of Corporate International Diversification, Journal of Finance, Vol. 32, Sept. 1977, S. 1049-1055.

AGMON, Tamir und Donald R. LESSARD (1977b), Financial Factors and the International Expansion of Small-Country Firms, in: AGMON, T. und Ch.P. KINDLEBERGER (Hrsg.) (1977), Multinationals from Small Countries, Cambridge/Mass., S. 197-219.

AKHTAR, M.A. und HILTON, R.S. (1984), Effects of Exchange Rate Uncertainty on German and U.S. Trade, Federal Reserve Bank (New York), Quarterly Review, Spring 1984, S. 7-16.

ALIBER, Robert Z. (1983), Money, Multinationals and Sovereigns, in: KINDLEBERGER, Ch.P. und D.B. AUDRETSCH (Hrsg.) (1983), The Multinational Corporation in the 1980s, Cambridge/Mass., S. 245-259.

ALIBER, Robert Z. (1978), Exchange Risk and Corporate International Finance, Macmillan Press, London and Basingstoke.

ALIBER, Robert Z. (1977), The Firm Under Pegged and Floating Exchange Rates, in: HERIN J., A. LINDBECK und J. MYHRMAN (Hrsg.)(1977), Flexible Exchange Rates and Stabilization Policy, Macmillan Press, London and Basingstoke, S. 177-190.

ALIBER, Robert Z. (1976), Equilibrium and Disequilibrium in the International Money Market, Weltwirtschaftliches Archiv, Bd. 112, S. 73-90.

ALIBER, Robert Z. (1970), A Theory of Direct Foreign Investment, in: Ch.P. KINDLEBERGER (Hrsg.)(1970), The International Corporation, Cambridge/Mass., MIT Press, S. 17-34.

ANG, James und Ahmed GHALLAB (1976), The Impact of U.S. Devaluations on the Stock Prices of Multinational Corporations, Journal of Business Research, Vol. 4, No. 1, S. 25-34.

BALASSA, Bela (1980), Flexible Exchange Rates and International Trade, in: CHIPMAN, J.S. und Ch.P. KINDLEBERGER (Hrsg.) (1980), Flexible Exchange Rates and the Balance of Payments, Amsterdam: North-Holland, S. 67-80.

BALDWIN, Robert E. (1970), International Trade in Inputs and Outputs, American Economic Review, Papers and Proceedings, Vol. 60, S. 430-434.

BARKER, Betty L. (1986), U.S. Merchandise Trade Associated with U.S. Multinational Companies, Survey of Current Business, Vol. 66, No. 5, S. 55-72.

BARON, David P. (1976), Fluctuating Exchange Rates and the Pricing of Exports, Economic Inquiry, Vol. 14, S. 425-438.

BATRA, Raveendra N. und Josef HADAR (1979), Theory of the Multinational Firm: Fixed Versus Floating Exchange Rates, Oxford Economic Papers, Vol. 31, May 1979, S. 258-269.

BAUMANN, Hans u.a. (1977), Außenhandel, Direktinvestitionen und Industriestruktur der deutschen Wirtschaft, Volkswirtschaftliche Schriften, Heft 266, Berlin.

BEENSTOCK, Michael (1982), Finance and International Direct Investment in the United Kingdom, in: BLACK, J. und J.H. DUNNING (Hrsg.) (1982), International Capital Movements, London: Macmillan , S. 122-139.

BERGSTEN Fred C. und William R. CLINE (1983), Trade Policy in the 1980s: An Overview, in: W.R. CLINE (Hrsg.)(1983), Trade Policy in the 1980s, Washington, D.C.: MIT Press, S. 58-98.

BERGSTEN, Fred C. und John WILLIAMSON (1983), Exchange Rates and Trade Policy, in: CLINE, W.R. (Hrsg.)(1983), Trade Policy in the 1980s, Washington, D.C.: MIT Press, S. 99-120.

BERTHOLD, Norbert (1981), Multinationale Unternehmen und nationale Währungspolitik, Freiburg.

BERTONECHE, Marc L. (1979), An Empirical Analysis of the Interrelationships among Equity Markets under Changing Exchange Rate Systems, in: Journal of Banking and Finance, Vol. 3, S. 397-405.

BHANDARI, Jagdeep S. und Blueford H. PUTNAM (1983), Economic Interdependence and Flexible Exchange Rates, Cambridge/Mass.

BIGER, Nahum (1979), Exchange Risk Implications of International Portfolio Diversification, Journal of International Business Studies, Vol. 10, No. 2, S. 64-74.

BILSON, John F. (1983), The Choice of an Invoice Currency in International Transactions, in: BHANDARI, J.S. und B.H. PUTNAM (Hrsg.) (1983), Economic Interdependence and Flexible Exchange Rates, Cambridge/Mass., S. 384-401.

BILSON, John F. (1979), The "Vicious Circle" Hypothesis, in: International Monetary Fund Staff Papers, Vol. 26, S. 1-37.

BLACK, Fischer (1974), International Capital Market Equilibrium with Investment Barriers, Journal of Financial Economics, Vol. 1, Dec. 1974, S. 337-352.

BLACK, John und John H. DUNNING (1982), International Capital Movements, Papers of the Fifth Annual Conference of the International Economics Study Group, London: Macmillan.

BLACK, Stanley W. (1977), Floating Exchange Rates and National Economic Policy, New Haven: Yale University Press.

BLACKHURST, Richard und Jan TUMLIR (1980), Trade Relations under Flexible Exchange Rates, GATT Studies in International Trade, Geneva.

BLEJER, Mario und Arye L. HILLMAN (1982), A Proposition on Short-Run Departures From the Law-of-One-Price, European Economic Review, Vol. 17, S. 51-60.

BLIN, John, Stuart J. GREENBAUM und Donald P. JACOBS (1981), Flexible Exchange Rates and International Business, Washington, D.C.

BLUME, Marshall E. (1979), Pension Funds and the Use of International Markets, in: SARNAT, M. und SZEGÖ, G.P. (Hrsg.)(1979), International Finance and Trade, Vol. II. Cambridge/Mass., S. 41-56.

BLUME, Marshall E. und Irwin FRIEND (1974), Risk, Investment Strategy and the Long-Run Rates of Return, Review of Economics and Statistics, Vol. 56, Aug. 1974, S. 259-269.

BOND, Eric W. (1980), Optimal Transfer Pricing when Tax Rates Differ, in: Southern Economic Journal, Vol. 47, No. 1, July 1980, S. 191-200.

BRANSON, William und Dale HENDERSON (1985), The Specification and Influence of Asset Markets, in: R.W. JONES und P.B. KENEN (Hrsg.) (1985), Handbook of International Economics, Vol. II, Amsterdam, S. 749-805.

BRERETON, Barbara F. (1986), U.S. Multinational Companies: Operations in 1984, Survey of Current Business, Vol. 66, No. 9, S. 27-39.

BREWER, H.L. und Robert MILLER (1979), Evaluating the Probable Impacts of International Economic Events on Common Stock Returns: An Empirical Study, Journal of International Business Studies, Vol. 10, No. 3, S. 53-65.

BUCKLEY, Peter J. (1981), A Critical Review of Theories of the Multinational Enterprise, Außenwirtschaft, 36. Jg., Heft 1, S. 70-87.

BUCKLEY, Peter J. (1979), The Modern Theory of the Multinational Enterprise, Management Bibliographies and Reviews, Vol. 5, S. 171-185.

BUCKLEY, Peter J. und Mark CASSON (1978), The Future of the Multinational Enterprise, London: Macmillan.

BURTLE, James und Sean MOONEY (1978), International Trade and Investment Under Floating Rates, in: DREYER, J.S., G. HABERLER und Th.D. WILLETT (Hrsg.)(1978), Exchange Rate Flexibility, Washington: American Enterprise Institute for Public Policy Research, S. 151-158.

CARSE, Stephen und Geoffrey E. WOOD (1979), Currency of Invoicing and Forward Covering: Risk-reducing Techniques in British Foreign Trade, in: MARTIN, J.P. und A. SMITH (Hrsg.)(1979), Trade and Payments Adjustment under Flexible Exchange Rates, London: Macmillan.

CASSON, Mark (1979), Alternatives to the Multinational Enterprise, London: Macmillan.

CAVES, Richard E. (1982), Multinational Enterprise and Economic Analysis, Cambridge: Cambridge Univ. Press.

CAVES, Richard E. (1981), Intra-Industry Trade and Market Structure in the Industrial Countries, Oxford Economic Papers, Vol. 33, S. 203-223.

CAVES, Richard E. (1980), Investment and Location Policies of Multinational Companies, Schweizerische Zeitschrift für Volkswirtschaft und Statistik, Vol. 116, S. 321-338.

Caves, Richard E. (1974), Multinational Firms, Competition, and Productivity in Host-Country Markets, Economica, Vol. 41, S. 176-193.

CAVES, Richard E. (1971), International Corporations: The Industrial Economics of Foreign Investment, Economica, Vol. 38, S. 1-27.

CHIPMAN, John S. und Charles S. KINDLEBERGER (Hrsg.)(1980), Flexible Exchange Rates and the Balance of Payments, Amsterdam: North-Holland.

CHOI, Jongmoo J. (1984), Consumption Basket, Exchange Risk, and Asset Demand, Journal of Financial and Quantitative Analysis, Vol. 19, No. 3, Sept. 1984, S. 287-298.

CLARK, Peter B., Dennies LOGUE und Richard SWEENEY (Hrsg.)(1977), The Effects of Exchange Rate Adjustments, Washington, D.C.: U.S. Government Printing Office.

CLEMENTS, A.W. (1976), The Impact of "Floating" on Multinational Companies and International Trade, in: H. FOURNIER und J.E. WADSWORTH (Hrsg.)(1976), Floating Exchange Rates: The Lessons of Recent Experience, Sijthoff, Leyden, S. 15-29.

CUSHMAN, David O. (1985), Real Exchange Rate Risk, Expectations and the Level of Direct Investment, Review of Economics and Statistics, Vo. 67, No. 2, May 1985, S. 297-308.

CUSHMAN, David O. (1983), The Effects of Real Exchange Rate Risk on International Trade, in: Journal of International Economics, Vol. 15, No. 1/2, S. 45-63.

DAS, Satya P. (1983), Multinational Enterprise Under Uncertainty, Canadian Journal of Economics, Vol. 16, No. 3, S. 420-428.

DEUTSCHE BUNDESBANK (1986), Die Kapitalverflechtung der Unternehmen mit dem Ausland nach Ländern und Wirtschaftszweigen 1979 bis 1984, Beilage zu "Statistische Beihefte", Reihe 3, Nr. 2, Februar 1986.

DEUTSCHE BUNDESBANK (1984), Die Kapitalverflechtung der Unternehmen mit dem Ausland nach Ländern und Wirtschaftszweigen 1976 bis 1982, Beilage zu "Statistische Beihefte", Reihe 3, Nr. 4, April 1984.

DEUTSCHE BUNDESBANK (1983), Struktur der Kapitalverflechtung der Unternehmen mit dem Ausland, Monatsbericht, 35. Jg., Mai 1983.

DEUTSCHE BUNDESBANK (1979), Stand der Direktinvestitionen Ende 1976, Monatsbericht, 31. Jg., April 1979.

DEUTSCHE BUNDESBANK (1965), Die deutschen Direktinvestitionen im Ausland, Monatsbericht, 17. Jg., Dez. 1965.

DOHNER, Robert S. (1984), Export Pricing, Flexible Exchange Rates, and Divergence in the Prices of Traded Goods, Journal of International Economics, Vol. 16, No. 1/2, Feb. 1984, S. 79-101.

DORNBUSCH, Rudiger (1980), Exchange Rate Economics: Where Do We Stand?, in: Brookings Papers on Economic Actitivy, Nr. 1, S. 143-185.

DORNBUSCH, Rudiger (1976), Expectations and Exchange Rate Dynamics, Journal cf Political Economy, Vol. 84, Dez. 1976, S. 1161-1176.

DORNBUSCH, Rudiger und Jacob A. FRENKEL (Hrsg.)(1979), International Economic Policy, Baltimore.

DUERR, Michael G. (1977), Protecting Corporate Assets Under Floating Currencies, New York: The Conference Board.

DUFEY, Gunter (1981), The Significance of the International Capital Markets for the Currency Management of Firms Engaged in International Business, in: WACKER, W. u.a.(Hrsg.)(1981), Internationale Unternehmensführung, Berlin, S. 191-206.

DUFEY, Gunter (1972), Corporate Finance and Exchange Rate Variations, Financial Management, Summer 1972, S. 51-57.

DUNN, Robert M. (1970), Flexible Exchange Rates and Oligopoly Pricing: A Study of Canadian Markets, in: Journal of Political Economy, Vol. 78, No. 1, S. 140-151.

DUNNING, John H. (1979), Explaining Changing Patterns of International Production: In Defense of the Eclectic Theory, Oxford Bulletin of Economics and Statistics, Vol. 21, No. 4, S. 269-295.

DUNNING, John H. (1977), Trade, Location of Economic Activity and the MNE: A Search for an Eclectic Approach, in: OHLIN, B., HESSELBORN, P.-O. und WIJKMAN, P.M. (Hrsg.)(1977), The International Allocation of Economic Activity, New York 1977, S. 395-418.

DUNNING, John H. und Peter J. BUCKLEY (1977), International Production and Alternative Models of Trade, Manchester School of Economic and Social Studies, Vol. 45, S. 392-403.

DUNNING, John und Robert PEARCE (1981), The World's Largest Industrial Enterprises, Gower Publishing Company Ltd., Westmead England.

EAKER, Mark R. (1981), The Numeraire Problem and Foreign Exchange Risk, Journal of Finance, Vol. 36, No. 2, S. 419-426.

ELTON, Edwin J. und Martin J. GRUBER (Hrsg.)(1975), International Capital Markets, Studies in Financial Economics, Vol. 1, Amsterdam: North-Holland.

ERDILEK, Asim (Hrsg.)(1985), Multinationals as Mutual Invaders: Intra-Industry Direct Foreign Investment, New York.

ERRUNZA, Vihang R. und Lemma W. SENBET (1984), International Corporate Diversification, Market Valuation, and Size-Adjusted Evidence, Journal of Finance, Vol. 39, No. 3, S. 727-743.

ERRUNZA, Vihang und Lemma W. SENBET (1981), The Effects of International Operations on the Market Value of the Firm: Theory and Evidence, Journal of Finance, Vol. 36, No. 2, S. 401-417.

ETHIER, Wilfred (1973), International Trade and the Forward Exchange Market, American Economic Review, Vol. 63, S. 494-503.

FAMA, Eugene F. (1970), Efficient Capital Markets: A Review of Theory and Empirical Work, Journal of Finance, Vol. 25, S. 383-417.

FAMA, Eugene F. und André FARBER (1979), Money, Bonds, and Foreign Exchange, American Economic Review, Vol. 69, No. 4, S. 639-649.

FATEMI Ali M. (1984), Shareholder Benefits from Corporate International Diversification, Journal of Finance, Vol. 39, Dez. 1984, S. 1325-1344.

FIELEKE, Norman S. (1981), Foreign-Currency Positioning by U.S. Firms: Some New Evidence, Review of Economics and Statistics, Vol. 63, S. 35-42.

FRANKEL, Jeffrey A. (1979), On the Mark: A Theory of Floating Exchange Rates Based on Real Interest Differentials, in: American Economic Review. Vol. 69, Sept. 1979, S. 610-621.

FRENKEL, Jacob und Richard LEVICH (1979), Transaction Costs and the Efficiency of International Capital Markets: Tranquil versus Turbulent Periods, in: SARNAT, M. und SZEGÖ, G.P. (Hrsg.) (1979), International Finance and Trade, Vol. I, Cambridge, Mass., S. 53-81.

FRENKEL, Jacob A. und MUSSA, Michael L. (1980): The Efficiency of Foreign Exchange Markets and Measures of Turbulence, in: American Economic Review, Papers and Proceedings, Vol. 70, Nr. 2, May 1980, S. 374-381.

FRIEND, Irwin und Etienne LOSQ (1979), Advantages and Limitations of International Portfolio Diversification, in: SARNAT, M. und SZEGÖ, G.P. (Hrsg.)(1979), International Finance and Trade, Vol. II, Cambridge, Mass., S. 3-15.

GAAB, Werner (1983), Devisenmärkte und Wechselkurse, Springer, Berlin.

GENBERG, Hans (1982), Monetary Policy and Short Run Fluctuations in Exchange Rates, in: Außenwirtschaft, 37. Jg., Heft II/III, S. 159-176.

GIDDY, Ian H. (1981), The Cost of Capital in the International Firm, in: Managerial and Decision Economics, Vol. 2, No. 4, S. 263-271.

GOLDSBROUGH, David J. (1979), The Role of Foreign Direct Investment in the External Adjustment Process, International Monetary Fund Staff Papers, Vol. 26, S. 725-754.

GRASSMAN, Sven (1973), A Fundamental Symmetry in International Payment Patterns, Journal of International Economics, Vol. 3, S. 105-116.

GRAUER, Frederick, Robert H. LITZENBERGER und Richard E. STEHLE (1976), Sharing Rules and Equilibrium in an International Capital Market Under Uncertainty, Journal of Financial Economics, Vol. 3, S. 233-256.

GROUP OF THIRTY (1984), Foreign Direct Investment 1973-87. A Survey of International Companies by the Office of the Group of Thirty, New York.

GROUP OF THIRTY (1980), The Foreign Exchange Markets Under Floating Rates. A Study in International Finance by the Exchange Markets Participants' Study Group, New York.

GRUBEL, Herbert G. (1982), The Theory of International Capital Movements, in: BLACK, J. und J.H. DUNNING (Hrsg.)(1982), International Capital Movements, London: Macmillan Press, S. 1-21.

GRUBEL, Herbert und Kenneth FADNER (1971), The Interdependence of International Equity Markets, Journal of Finance, Vol. 26, March 1971, S. 89-94.

GRÜNÄRML, Frohmund (1976/77), Ursprung und Entwicklungstendenz der "internationalen Produktion" - dargestellt unter besonderer Berücksichtigung amerikanischer auswärtiger Direktinvestitionen, in: Jahrbücher für Nationalökonomie und Statistik, Bd. 191, S. 117-152.

GULL, Don. S. (1975), Composite Foreign Exchange Risk, Columbia Journal of World Business, Vol. 10, S. 51-69.

GUY, James R. (1978), An Examination of the Effects of International Diversification From the British Viewpoint on Both Hypothetical and Real Portfolios, Journal of Finance, Vol. 33, No. 5, S. 1425-1438.

HARTMAN, David G. (1979), Foreign Investment and Finance with Risk, Quarterly Journal of Economics, Vol. XCIII, May 1979, S. 213-232.

HAUSER, Heinz (1982), Währungsrisiken: Inflation, Zinssätze und Wechselkurse, Außenwirtschaft, 37. Jg., Heft II/III, S. 279-314.

HAWKINS, Robert G. (Hrsg.)(1979), The Economic Effects of Multinational Corporations, Research in International Business and Finance, Vol. 1, Greenwich, Conn.

HAWKINS, Robert G., Richard M. LEVICH und Clas G. WIHLBORG (1983), The Internationalization of Financial Markets and National Economic Policy, Research in International Business and Finance, Vol. 3, Greenwich, Conn.

HECKERMAN, Donald (1973), On the Effects of Exchange Risk, Journal of International Economics, Vol. 3, S. 379-387.

HECKERMAN, Donald (1972), The Exchange Risks of Foreign Operations, Journal of Business, Vol. 45, S. 42-48.

HEITGER, Bernhard (1983), Strukturwandel und realer Wechselkurs. Ein Zwei-Sektoren-Modell im Test, Tübingen.

HEKMAN, Christine R. (1981), Foreign Exchange Risk: Relevance and Management, in: Managerial and Decision Economics, Vol. 2, No. 4, S. 256-262.

HELLEINER, Gerald K. (1979), Transnational Corporations and Trade Structure: The Role of Intra-Firm Trade, in: H. GIERSCH (Hrsg.)(1979), On the Economics of Intra-Industry Trade, Symposium 1978, Tübingen, S. 159-179.

HELPMAN, Elhanan (1984), A Simple Theory of International Trade with Multinational Corporations, Journal of Political Economy, Vol. 92, No. 3, S. 451-471.

HENNART, Jean-François (1982), A Theory of Multinational Enterprise, University of Michigan Press.

HERIN, Jan, Assar LINDBECK und John MYHRMAN (Hrsg.)(1977), Flexible Exchange Rates and Stabilization Policy, London: Macmillan Press.

HERRING, Richard J. (1983), Managing Foreign Exchange Risk, Cambridge.

HIRSCH, Seev (1976), An International Trade and Investment Theory of the Firm, Oxford Economic Papers, Vol. 28, July 1976, S. 258-270.

HODDER, James E. (1982), Exposure to Exchange-Rate Movements, Journal of International Economics, Vol. 13, S. 375-386.

HOLMES, Peter M. (1978), Industrial Pricing Behaviour and Devaluation, London: Macmillan Press.

HOOPER, Peter und Steven W. KOHLHAGEN (1978), The Effect of Exchange Rate Uncertainty on the Prices and Volume of International Trade, Journal of International Economics, Vol. 8, S. 483-511.

HORST, Thomas (1971), The Theory of the Multinational Firm: Optimal Behavior und Different Tariff and Tax Rates, in: Journal of Political Economy, Vol. 79, S. 1059-1072.

HOWENSTINE, Ned G. (1982), Growth of U.S. Multinational Companies, 1966-77, Survey of Current Business, Vol. 62, No. 4, April 1982, S. 34-48.

HUFBAUER, G.C. (1975), The Multinational Corporation and Direct Investment, in: P.B. KENEN (Hrsg.)(1975), International Trade and Finance, Cambridge, S. 253-319.

HUGHES, John S., Dennis E. LOGUE und Richard J. SWEENEY (1975), Corporate International Diversification and Market Assigned Measures of Risk and Diversification, Journal of Financial and Quantitative Analysis, November 1975, S. 627-637.

IFO-SCHNELLDIENST (1977), Direktinvestitionen der Industrie im Ausland - Ausmaß, Anlageformen, Motive und Auswirkungen, 30. Jg., Heft 3, S. 5-9.

INTERNATIONAL BUSINESS WEEK (1986), "The 1000 Largest U.S. Companies" und "International 150", April 21, 1985, S. 120-176.

INTERNATIONAL MONETARY FUND (Research Department)(1984), Exchange Rate Volatility and World Trade, Occasional Paper No. 28, Washington, D.C., July 1984.

INTERNATIONAL MONETARY FUND (1961), Balance of Payments Manual, Washington.

ISARD, Peter (1978), Exchange Rate Determination: A Survey of Popular Views and Recent Models, Princeton Studies in International Finance, No. 42, Princeton University.

ISARD, Peter (1977), "How Far Can We Push the Law of One Price?", American Economic Review, Bd. 67, Dez. 1977, S. 942-948.

ITAGAKI, Takao (1981), The Theory of the Multinational Firm under Exchange Rate Uncertaintv, Canadian Journal of Economics, Vol. 14, No. 2, S. 276-297.

JACQUILLAT, Bertrand und Bruno SOLNIK (1977/78), Multinationals Are Poor Tools for Diversification, Journal of Portfolio Management, Vol. 4, No. 2, S. 8-12.

JUCKER, James und Clovis de FARO (1975), The Selection of International Borrowing Sources, Journal of Financial and Quantitative Analysis, Vol. 10, Sept. 1975, S. 381-407.

JUNGNICKEL, Rolf u.a. (1977), Einfluß multinationaler Unternehmen auf Außenwirtschaft und Branchenstruktur der Bundesrepublik Deutschland, Hamburg (Veröffentlichungen des HWWA-Instituts für Wirtschaftsforschung).

KALTER, Eliot (1978), The Effect of Exchange Rate Changes Upon International Price Discrimination, International Finance Discussion Papers, No. 122, August 1978.

KAMIEN, Morton J. und Nancy L. SCHWARTZ (1981), Dynamic Organization: The Calculus of Variations and Optimal Control in Economics and Management, New York, Oxford.

KAWAI, Masahiro (1978), International Investment in a World of Flexible Exchange Rates: A Microeconomic Perspective, Ph.D. Diss, Stanford University.

KENEN, Peter B. (1975), International Trade and Finance, Cambridge University Press.

KINDLEBERGER, Charles P. (Hrsg.)(1970), The International Corporation, Cambridge, Mass.: MIT Press.

KINDLEBERGER, Charles P. und David B. AUDRETSCH (Hrsg.)(1983), The Multinational Corporation in the 1980s, Cambridge, Mass.: MIT Press.

KLUMP, Rainer (1985), Wiener-Prozesse und das Itô-Theorem, WiSt - Wirtschaftswissenschaftliches Studium, 14. Jg., Heft 4, April 1985, S. 183-185.

KOBRIN, Stephen und Donald R. LESSARD (1976), Large Scale Direct OPEC Investment in Industrialized Countries and the Theory of Foreign Direct Investment - A Contradiction?, Weltwirtschaftliches Archiv, Bd. 112, S. 660-673.

KOHERS, Theodor (1976), A Risk-Return Comparison: U.S. Multinational and U.S. Domestic Corporations, University of Michigan Business Review, March 1976, S. 25-27.

KOHERS, Theodor (1975), The Effect of Multinational Operations on the Cost of Equity Capital of U.S. Corporations: An Empirical Study, Management International Review, Vol. 15, S. 121-124.

KOHLHAGEN, Steven W. (1983), Overlapping National Investment Portfolios: Evidence and Implications of International Integration of Secondary Markets for Financial Assets, in: HAWKINS, R.G. u.a. (Hrsg.) (1983), The Internationalization of Financial Markets and National Economic Policy, Research in International Business and Finance, Vol. 3, Greenwich, Conn., S. 113-137.

KOHLHAGEN, Steven W. (1977a), Exchange Rate Changes, Profitability and Direct Foreign Investment, in: Southern Economic Journal, Vol. 44, No. 1, S. 43-52.

KOHLHAGEN, Steven W. (1977b), The Effects of Exchange Rate Adjustment on International Investment: A Further Comment, in: CLARK, P.B., D. LOGUE und R. SWEENEY (Hrsg.)(1977), The Effects of Exchange Rate Adjustments, Washington, D.C., S. 194-197.

KOURI, Pentti K. (1977), International Investment and Interest Rate Linkages under Flexible Exchange Rates, in: ALIBER, R.Z. (Hrsg.) (1977), The Political Economy of Monetary Reform, New York, S. 74-96.

KOVEOS, Panayotis E. (1977), The Transition to Flexible Exchange Rates and International Portfolios, Ph.D. Diss., Pennsylvania State University.

KRÄGENAU, Henry (1982), Internationale Direktinvestitionen, Ergänzungsbände 1982 und 1978/79, Hamburg: Verlag Weltarchiv.

KRAVIS, Irving und LIPSEY, Robert (1978), Price Behaviour in the Light of Balance of Payment Theories, in: Journal of International Economics, Vol. 8, Nr. 2, May 1978, S. 193-246.

KREININ, Mordechai E. (1977), The Effect of Exchange Rate Changes on the Prices and Volume of Foreign Trade, International Monetary Fund Staff Papers, Vol. 24, S. 297-329.

KRIST, Herbert (1985), Bestimmungsgründe industrieller Direktinvestitionen, Berlin.

LEE, Wayne und SACHDEVA, Kanval S. (1977), The Role of the Multinational Firm in the Integration of Segmented Capital Markets, Journal of Finance, Vol. 32, May 1977, S. 479-491.

LESSARD, Donald R. (1979), Transfer Prices, Taxes and Financial Markets, in: HAWKINS, R. (Hrsg.)(1979), The Economic Effects of Multinational Corporations, Greenwich, Conn., S. 101-135.

LESSARD, Donald R. (1976), World, Country, and Industry Relationships in Equity Returns, Financial Analysts Journal, Jan.-Feb. 1976, S. 32-38.

LESSARD, Donald (1975), The Structure of Returns and Gains From International Diversification, in: ELTON, E.J. und M.J. GRUBER (Hrsg.) (1975), International Capital Markets, Amsterdam, S. 207-220.

LESSARD, Donald R. (1974), World, National, and Industry Factors in Equity Returns, Journal of Finance, Vol. 29, May 1974, S. 379-391.

LEVHARI, David und Haim LEVY (1977), The Capital Asset Pricing Model and the Investment Horizon, Review of Economics and Statistics, Vol. 59, Feb. 1977, S. 92-104.

LEVICH, Richard M. (1979), On the Efficiency of Markets for Foreign Exchange, in: DORNBUSCH, R. und J.A. FRENKEL (Hrsg.)(1979), International Economic Policy, Baltimore, S. 246-267.

LEVICH, Richard M. und Clas G. WIHLBORG (1980), Exchange Risk and Exposure, Lexington, Mass. 1980.

LEVY, Haim (1978), Equilibrium in an Imperfect Market: A Constraint on the Number of Securities in the Portfolio, American Economic Review, Vol. 68, No. 4, S. 643-658.

LEVY, Haim und Marshall SARNAT (1983), International Portfolio Diversification, in: HERRING, R.J. (Hrsg.)(1983), Managing Foreign Exchange Risk, Cambridge, S. 115-142.

LEVY, Haim und Marshall SARNAT (1979), Foreign Exchange Risk, Portfolio Diversification, and the Demand for Money, in: SARNAT, M. und G.P. SZEGÖ (Hrsg.)(1979), International Finance and Trade, Vol. 2, Cambridge, Mass., S. 17-40.

LEVY, Haim und Marshall SARNAT (1975), Devaluation Risk and the Portfolio Analysis of International Investment, in: ELTON, E.J. und M.J. GRUBER (Hrsg.)(1975), International Capital Markets, Amsterdam, S. 177-206.

LEVY, Haim und Marshall SARNAT (1970), International Diversification of Investment Portfolios, American Economic Review, Vol. 60, S. 668-675.

LINTNER; John (1965a), Security Prices, Risk and Maximal Gain from Diversification, Journal of Finance, Vol. 20, Dez. 1965, S. 587-616.

LINTNER, John (1965b), The Valuation of Risk Assets and the Selection of Risky Investments in Stock Portfolios and Capital Budgets, Review of Economics and Statistics, Vol. 47, Feb. 1965, S. 13-37.

LIPSEY, Robert E. und Merle Yahr WEISS (1981), Foreign Production and Exports in Manufacturing Industries, Review of Economics and Statistics, Vol. 63, S. 488-494.

LLEWELLYN, David T. (1980), International Financial Integration, J. Wiley & Sons, New York.

LOGUE, Dennis E. und Thomas WILLETT (1977), The Effects of Exchange-Rate Adjustment on International Investment, in: CLARK, P., LOGUE, D. und SWEENEY, R. (Hrsg.)(1977), The Effects of Exchange Rate Adjustments, U.S. Government Printing Office, S. 137-150.

LOSQ, Etienne (1979), Diversification and Asset Valuation in an International Capital Market, in: SARNAT, M. und G.P. SZEGÖ (Hrsg.) (1979), International Finance and Trade, Vol. II, Cambridge/ Mass., S. 57-71.

LUPO, L.A. (1983), Worldwide Sales by U.S. Multinational Companies, in: U.S. Department of Commerce, Bureau of Economic Analysis (Hrsg.)(1983), U.S. Multinational Companies: U.S. Merchandise Trade, Worldwide Sales, and Technology-Related Activities in 1977, August 1983, S. 30-58.

MAKIN, John F. (1978), Portfolio Theory and the Problem of Foreign Exchange Risk, Journal of Finance, Vol. 33, No. 2, S. 517-534.

MAKIN, John H. (1974), Capital Flows and Exchange-Rate Flexibility in the Post-Bretton-Woods Era, Princeton Essays in International Finance, No. 103, Princeton, New Jersey, Feb. 1974.

MARKOWITZ, Harry M. (1959), Portfolio Selection: Efficient Diversification of Investments, New York: John Wiley & Sons.

MARKOWITZ, Harry M. (1952), Portfolio Selection, in: Journal of Finance, Vol. 7, S. 77-91.

MARTIN, John P. und Alasdair SMITH (Hrsg.)(1979), Trade and Payments Adjustment under Flexible Exchange Rates, Papers of the Second Annual Conference of the International Economics Study Group, London: Macmillan.

MATHUR, Ike und Kyran HANAGAN (1983), Are Multinational Corporations Superior Investment Vehicles for Achieving International Diversification?, Journal of International Business Studies, Winter 1983, S. 135-146.

McCULLOCH, Rachel (1985), US Direct Foreign Investment and Trade: Theories, Trends and Public-Policy Issues, in: ERDILEK, A. (Hrsg.), Multinationals as Mutual Invaders: Intra-Industry Direct Foreign Investment, New York, S. 129-151.

McCULLOCH, Rachel (1983), Unexpected Real Consequences of Floating Exchange Rates, Princeton Essays in International Finance, No. 153, Princeton, New Jersey, August 1983.

McCULLOCH, Rachel (1979), Trade and Direct Investment: Recent Policy Trends, in: DORNBUSCH, R. und J.A. FRENKEL (Hrsg.)(1979), International Economic Policy, John Hopkins University Press, Baltimore.

MEESE, Richard und Kenneth SINGLETON (1983), Rational Expectations and The Volatility of Floating Exchange Rates, in: International Economic Review, Vol. 24, No. 3, Okt. 1983, S. 721-733.

MEHRA, Rajnish (1978), On the Financing and Investment Decisions of Multinational Firms in the Presence of Exchange Risk, Journal of Financial and Quantitative Analysis, Vol. 13, June 1978, S. 227-244.

MILLER, Joseph und Bernard PRAS (1980), The Effects of Multinational and Export Diversification on the Profit Stability of U.S. Corporations, Southern Economic Journal, Vol. 46, No. 3, Jan. 1980, S. 792-805.

MINYARD, Rosemary (1979), Industry and Host-Country Incentives for Foreign Direct Investment: U.S. Multinational Corporations, Ph.D. Diss., Princeton University.

NANCE, Jon R. und Roger A. ROEMMICH (1983), Foreign Currency Translation: An Evaluation, International Journal of Accounting, Vol. 18, No. 2, S. 29-48.

NEUMANN, Manfred (1984), Theoretische Volkswirtschaftslehre I, 2. Aufl., München.

NEUMANN, Manfred (1982), Theoretische Volkswirtschaftslehre III, München.

NIEHANS, Jürg (1981), The Appreciations of Sterling: Causes, Effects, Policies. Center for Research in Government Policy and Business, Graduate School of Management, University of Rochester, Center Symposia Series, No. CS-II.

NIEHANS, Jürg (1977), Benefits of Multinational Firms for a Small Parent Economy: The Case of Switzerland, in: AGMON, T. und Ch.P. KINDLEBERGER (Hrsg.)(1977), Multinationals from Small Countries, MIT Press, Cambridge, Mass., S. 1-39.

OECD (1982), Economic Outlook, No. 32, December 1982.

OECD (1977), Statistics of Foreign Trade, Series B, Trade by Commodities.

PARRY, Thomas G. (1985), Internalisation as a General Theory of Foreign Direct Investment: A Critique, Weltwirtschaftliches Archiv, Bd. 121, Heft 3, S. 564-569.

PAUTSCH, Peter R. (1980), Der Einfluß von Wechselkursänderungen auf die internationalen Bewegungen des Produktionsfaktors Kapital, Freiburg (Breisgau): Hochschulverlag.

PRACHOWNY, Martin F. (1972), Direct Investment and the Balance of Payments of the United States: A Portfolio Approach, in: MACHLUP, F., SALANT, W. und L. TARSHIS (Hrsg.)(1972), International Mobility and Movement of Capital, New York, S. 443-464.

RAGAZZI, Giorgio (1973), Theories of the Determinants of Direct Foreign Investment, International Monetary Fund Staff Papers, Vol. 20, S. 471-498.

RAO, Ramesh K.S. und Stephen P. MAGEE (1980), The Currency of Denomination of International Trade Contracts, in: LEVICH, R.M. und C.G. WIHLBORGH (Hrsg.)(1980), Exchange Risk and Exposure, Lexington, Mass., S. 61-79.

RICH, Georg (1980), Direktinvestitionen und Wechselkurs, in: Schweizerische Zeitschrift für Volkswirtschaft und Statistik, Bd. 116, Heft 3, Sept. 1980, S. 339-356.

RODRIGUEZ, Rita M. (1981), Corporate Exchange Risk Management: Theme and Aberrations, Journal of Finance, Vol. 36, No. 2, S. 427-439.

RODRIGUEZ, Rita M. (1979), Measuring and Controlling Multinationals' Exchange Risk, in: Financial Analysts Journal, Nov.-Dec. 1979, s. 49-55.

ROLL, Richard und Bruno SOLNIK (1977), A Pure Foreign Exchange Asset Pricing Model, Journal of International Economics, Vol. 7, S. 161-179.

ROSS, Stephen A. und Michael M. WALSH (1983), A Simple Approach to the Pricing of Risky Assets with Uncertain Exchange Rates, in: HAWKINS, R. u.a. (Hrsg.)(1983), The Internalization of Financial Markets and National Economic Policy, Greenwich, Conn., S. 39-54.

RUDOLPH, Bernd (1979), Zur Theorie des Kapitalmarktes, in: Zeitschrift für Betriebswirtschaft, 49. Jg., Heft 11, S. 1034-1067.

RUGMAN, Alan M. (1985), Internalization is Still a General Theory of Foreign Direct Investment, Weltwirtschaftliches Archiv, Vol. 121, Heft 3, S. 570-575.

RUGMAN, Alan M. (1981), Inside the Multinationals, London: Croom Helm.

RUGMAN, Alan M. (1980), Internalization as a General Theory of Foreign Direct Investment: A Re-Appraisal of the Literature, Weltwirtschaftliches Archiv, Bd. 116, S. 365-379.

RUGMAN, Alan M. (1979), International Diversification and the Multinational Enterprise, Lexington, Mass. 1979.

RUGMAN, Alan M. (1977), Risk, Direct Investment and International Diversification, Weltwirtschaftliches Archiv, Bd. 113, S. 487-499.

RUGMAN, Alan M. (1976), International Correlation Coefficients as Indicators of Real and Financial Diversification, in: Rivista Internazionale di Science Economiche e Commerciali, 23. Jg., Heft 10/11, S. 954-967.

SACHCHAMARGA, Sukrita (1978), The Effect of Exchange Rate Changes on Direct International Investment, Ph.D. Diss., Southern Methodist University.

SARNAT, Marshall und Giorgio P. SZEGÖ (1979), International Finance and Trade, Vol. I und II, Cambridge, Mass.

SCHARRER, Hans-Eckart u.a. (1978), Währungsrisiko und Währungsverhalten deutscher Unternehmen im Außenhandel, Hamburg.

SCHWARTZ, Rebecca Holland (1976), The Determinants of U.S. Direct Investment Abroad, Ph.D., Texas Tech University.

SENBET, Lemma W. (1979), International Capital Market Equilibrium and the Multinational Firm Financing and Investment Policies, Journal of Financial and Quantitative Analysis, Vol. 14, No. 3, Sept. 1979, S. 455-480.

SHAFER, Jeffrey und Bonnie E. LOOPESKO (1983), Floating Exchange Rates After Ten Years, Brookings Papers on Economic Activity, Vol. 1, S. 1-70.

SHAPIRO, Alan C. (1982), Multinational Financial Management, Boston, Mass.

SHAPIRO, Alan C. (1977), Defining Exchange Risk, in: Journal of Business, Vol. 50, S. 37-39.

SHAPIRO, Alan C. (1975), Exchange Rate Changes, Inflation and the Value of the Multinational Corporation, in: The Journal of Finance, Vol. XXX, No. 2, May 1975, S. 485-502.

SHAPIRO, Alan C. und David B. RUTENBERG (1976), Managing Exchange Risks in a Floating World, in: Financial Management, Vol. 5, S. 48-58.

SHAPIRO, Alan C. und David B. RUTENBERG (1974), When to Hedge Against Devaluation, in: Management Science, Vol. 20, No. 12, S. 1514-1530.

SHARPE, William F. (1978), Comment zu "New Evidence on the Capital Asset Pricing Model", Journal of Finance, Vol. 33, June 1979, S. 918-920.

SHARPE, William F. (1964), Capital Asset Prices: A Theory of Market Equilibrium Under Conditions of Risk, Journal of Finance, Vol. 19, Sept. 1964, S. 425-442.

SOLNIK, Bruno H. (1977), Testing International Asset Pricing: Some Pessimistic Views, Journal of Finance, Vol. 32, No. 2, S. 503-512.

SOLNIK, Bruno H. (1974a), International Pricing of Risk, Journal of Finance, Vol. 29, May 1974, S. 365-378.

SOLNIK, Bruno H. (1974b), Why Not Diversify Internationally?, Financial Analysts Journal, Vol. 30, July - August 1974, S. 48-54.

SOLNIK, Bruno H. (1974c), An Equilibrium Model of the International Capital Market, Journal of Economic Theory, Vol. 8, August 1974, S. 500-524.

SOLNIK, Bruno H. und Bernard NOETZLIN (1982), Optimal International Asset Allocation, Journal of Portfolio Management, Fall 1982, S. 11-21.

STEHLE, Richard (1981), The Choice of Invoicing Currency Under Exchange Rate and Price Level Uncertainty, Diskussionbeiträge der Fakultät für Wirtschaftswissenschaften und Statistik, Universität Konstanz.

STEVENS, Guy V. (1977), Comment zu LOGUE, D. und T. WILLETT, The Effects of Exchange-Rate Adjustment on International Investment, in: CLARK, P., D. LOGUE und R. SWEENEY (Hrsg.)(1977), The Effects of Exchange Rate Adjustments, Washington, D.C., S. 183-188.

STULZ, René M. (1981), A Model of International Asset Pricing, Journal of Financial Economics, Vol. 9, S. 383-406.

SWOBODA, Alexander (1981), Exchange-Rate Flexibility in Practice: A Selective Survey of Experience from 1973 - 1979, in: GIERSCH, Herbert (Hrsg.)(1981), Macroeconomic Policies for Growth and Stability - A European Perspective, Tübingen.

TOBIN, James (1958), Liquidity Preference as Behavior Towards Risk , Review of Economic Studies, Vol. 26, Feb. 1958, S. 65-86.

U.S. Department of Commerce, Bureau of Economic Analysis, Survey of Current Business, verschiedene Jahrgänge.

U.S. Department of Commerce, Bureau of Economic Analysis (1986a), U.S. Direct Investment Abroad: Operations of U.S. Parent Companies and Their Foreign Affiliates, Revised 1983 Estimates, October 1986.

U.S. Department of Commerce, Bureau of Economic Analysis (1986b), U.S. Direct Investment Abroad: Operations of U.S. Parent Companies and Their Foreign Affiliates, Preliminary 1984 Estimates, October 1986.

VERNON, Raymond (1966), International Investment and International Trade in the Product Cycle, Quarterly Journal of Economics, Vol. 80, S. 190-207.

VUKMANIC, Frank G., Michael R. CZINKOTA und David R. RICKS (1985), National and International Data Problems and Solutions in the Empirical Analysis of Intra-Industry Direct Foreign Investment, in: ERDILEK, A. (Hrsg.)(1985), Multinationals as Mutual Invaders, New York, S. 160-184.

WARNER, Dennis und Mordechai KREININ (1983), Determinants of International Trade Flows, Review of Economics and Statistics, Vol. 65, S. 96-104.

WHICHARD, Obie und Michael A. SHEA (1985), 1982 Benchmark Survey of U.S. Direct Investment Abroad, Survey of Current Business, Vol. 65, No. 12, S. 37-57.

WHITMAN, Marina v.N. (1983), Perspective: On Exchange Rate Analysis and Foreign Exchange Risk, in: HERRING, R.J. (Hrsg.)(1983), Managing Foreign Exchange Risk, Cambridge University Press, S. 75-83.

WIHLBORG, Clas G. (1980), Currency Exposure: Taxonomy and Theory, in: LEVICH, R.M. und C.G. WIHLBORG (Hrsg.)(1980), Exchange Risk and Exposure, Lexington, Mass.

WILLETT, Thomas D. (1970), International Firms and Efficient Economic Allocation: Discussion, in: American Economic Review, Papers and Proceedings, Vol. 60, S. 449-450.

WILLIAMSON, John (1983), The Exchange Rate System, Institute for International Economics, Policy Analysis in International Economies, Vol. 5, Sept. 1983.

ANHANG

Namen und Daten der in 5.3.2 verwendeten US-amerikanischen multinationalen Unternehmen

	for sal	for prof	%tot sal	t umsren
Exxon	62750.00	3530.00	71.00	5.60
Mobil	34982.00	1317.00	59.00	1.90
Texaco	21864.00	900.00	47.00	2.60
IBM	21545.00	3084.00	43.00	13.10
Ford Motor	15995.00	527.00	30.00	4.80
Phirbo-Salomon	15100.00	349.00	54.00	2.00
General Motors	14534.30	627.00	17.00	4.20
DuPont	11429.00	358.00	32.00	3.80
ITT	7327.00	560.00	37.00	2.40
Chevron	7154.00	765.00	16.00	3.70
Dow Chemical	6326.00	382.00	55.00	0.50
Amoco	5984.00	785.00	21.00	7.30
R.J. Reynolds	4462.00	398.00	26.00	7.40
Safeway	4260.60	132.90	22.00	1.20
Occidental Petroleum	4068.30	1389.10	25.00	3.10
American Brands	3930.30	168.80	56.00	5.80
Procter & Gamble	3625.00	96.00	26.00	4.90
Philip Morris	3545.00	152.00	22.00	10.30
Eastman Kodak	3239.00	167.00	30.00	3.10
Xerox	3206.80	170.00	36.00	4.40
Goodyear	3147.80	177.40	33.00	3.10
Phillips Petroleum	3125.00	1339.00	20.00	3.80
General Electric	3112.00	101.00	11.00	8.30
United Technologies	3071.10	284.40	20.00	4.20
Coca-Cola	2995.50	610.50	38.00	8.60
Hewlett-Packard	2809.00	304.00	43.00	7.30
Sun	2755.00	19.00	18.00	3.70
American Express	2749.00	316.00	23.00	6.80
Beatrice	2689.00	211.00	21.00	3.30
Tenneco	2665.00	202.00	17.00	2.80
Dart & Kraft	2629.70	327.70	27.00	4.70
3M	2594.00	332.00	33.00	8.50
Chrysler	2488.30	256.60	12.00	7.70
Johnson & Johnson	2431.40	475.50	38.00	9.60
CPC International	2372.90	199.20	56.00	3.40
Colgate-Palmolive	2353.70	132.50	52.00	3.70
F. W. Woolworth	2335.00	119.00	40.00	3.00
American International	2252.70	364.20	39.00	6.50
Burroughs	2203.20	273.40	44.00	4.90
Atlantic Richfield	2138.00	96.00	9.00	1.50
NCR	1965.30	278.40	46.00	7.30
Unocal	1833.70	186.20	15.00	2.80
Motorola	1818.00	76.00	27.00	1.30
Pfizer	1681.90	297.60	42.00	14.40
Honeywell	1646.80	140.80	25.00	4.20
Sperry	1595.00	255.50	28.00	4.70

	for sal	for prof	%tot sal	t umsren
Merck	1588.60	213.90	45.00	15.20
U.S. Steel	1578.00	542.00	8.00	1.70
Sara Lee	1510.30	108.60	19.00	2.70
Halliburton	1399.90	58.30	29.00	0.60
H. J. Heinz	1386.30	154.60	34.00	6.80
Gillette	1375.20	232.90	57.00	6.70
W.R. Grace	1320.00	188.00	25.00	2.00
Bristol-Myers	1314.80	213.00	28.00	12.00
TRW	1260.00	137.00	21.00	2.30
American Cyanamid	1169.80	150.10	30.00	3.40
HNG/Internorth	1142.30	85.50	11.00	1.60
Kimberly-Clark	1134.90	105.90	27.00	6.60
Smithkline Beckman	1054.50	174.10	31.00	15.80
American Home Products	1047.80	209.30	22.00	15.30
Eli Lilly	1039.00	204.40	32.00	15.80
Rockwell International	957.00	122.30	8.00	4.90
PepsiCo	951.90	66.70	12.00	5.20
Abbott Laboratories	950.00	151.00	28.00	13.80
PPG Industries	934.00	54.00	21.00	7.00
Quaker Oats	926.90	76.70	28.00	4.60
A & P	922.60	30.10	16.00	0.80
Westinghouse	904.30	66.80	8.00	5.70
Deere	898.00	54.00	22.00	0.60
Avon Products	887.90	139.00	36.00	5.20
Litton Industries	870.00	112.00	19.00	5.40
Murphy Oil	867.30	108.40	34.00	3.60
Kellogg	855.20	58.40	29.00	9.60
United Brands	852.90	24.60	26.00	1.00
Borden	832.30	75.90	18.00	4.10
Champion International	826.20	76.50	14.00	2.80
Schering-Plough	803.40	99.20	42.00	10.00
Borg-Warner	800.10	77.60	20.00	4.50
McDonald's	789.90	146.70	23.00	11.50
Ingersoll-Rand	754.50	51.30	29.00	3.00
Ralston Purina	753.10	33.00	13.00	6.20
RCA	742.80	62.20	8.00	2.70
Emhart	742.70	91.50	42.00	4.50
Baker International	730.90	134.70	38.00	4.50
Squibb	728.70	165.10	36.00	11.10
Texas Eastern	721.30	321.10	13.00	1.10
Campbell Soup	716.10	35.40	18.00	5.10
AMP	710.10	141.40	43.00	6.60
Allegheny International	703.60	42.60	34.00	11.20
Dana	698.10	45.50	19.00	4.40
Emerson Electric	698.00	90.00	15.00	8.60
Castle & Cooke	690.00	67.00	35.00	2.40
Sterling Drug	668.60	78.50	37.00	8.70
Rohm & Haas	667.00	121.00	33.00	6.90
Eaton	659.00	98.00	17.00	6.30
Merrill Lynch	640.00	13.00	9.00	3.20
Upjohn	633.00	32.00	32.00	10.10
Anderson Clayton	625.70	67.40	34.00	1.20
Transworld	588.30	77.90	27.00	4.90

	for sal	for prof	%tot sal	t umsren
Baxter Travenol	576.00	112.00	24.00	5.80
Mattel	571.90	68.40	54.00	5.50
Owens-Illinois	566.10	45.40	15.00	4.30
CBS	554.30	70.30	12.00	4.30
Engelhard	552.40	10.00	24.00	1.90
Crown Cork & Seal	552.10	57.60	37.00	4.80
Ocean Drilling	531.30	64.00	67.00	5.20
Polaroid	528.00	43.80	42.00	2.80
American Family	525.00	78.60	55.00	5.70
Celanese	512.00	21.00	19.00	5.80
Fruehauf	512.00	44.00	18.00	2.80
Lafarge	510.50	54.30	54.00	1.50
Libbey-Owens-Ford	507.50	36.40	26.00	3.90
Foster Wheeler	499.00	15.40	41.00	2.10
Dun & Bradstreet	495.10	64.80	22.00	10.60
K Mart	493.50	30.50	2.00	2.10
IC Industries	487.90	31.90	11.00	3.50
Singer	483.60	25.10	20.00	3.40
Hercules	476.00	51.00	18.00	5.10
Raytheon	449.00	14.00	7.00	5.90
Hughes Tool	446.20	68.60	35.00	0.30
Lubrizol	431.00	55.40	47.00	6.70